GUERREIRO RAMOS

BIANOR SCELZA CAVALCANTI • FREDERICO LUSTOSA DA COSTA (Org.)

GUERREIRO RAMOS
entre o passado e o futuro

© Bianor Scelza Cavalcanti e Frederico Lustosa da Costa

Editora FGV
Rua Jornalista Orlando Dantas, 37
22231-010 | Rio de Janeiro, RJ | Brasil
Tels.: 0800-021-7777 | 21-3799-4427
Fax: 21-3799-4430
editora@fgv.br | pedidoseditora@fgv.br
www.fgv.br/editora

Impresso no Brasil | *Printed in Brazil*

Todos os direitos reservados. A reprodução não autorizada desta publicação, no todo ou em parte, constitui violação do copyright (Lei no 9.610/98).

Os conceitos emitidos neste livro são de inteira responsabilidade dos autores.

1ª edição — 2019

Coordenação editorial e copidesque
Ronald Polito

Revisão
Marco Antonio Corrêa e Sandro Gomes dos Santos

Projeto gráfico de capa e miolo
Mari Taboada

Fotografia da capa
Acervo familiar, 1981

Ficha catalográfica elaborada pela Biblioteca Mario Henrique Simonsen/FGV

Guerreiro Ramos : entre o passado e o futuro / Bianor Scelza Cavalcanti e Frederico Lustosa da Costa (orgs.). – Rio de Janeiro : FGV Editora, 2019.

208 p.

Inclui bibliografia.
ISBN: 978-85-225-2127-2

1. Ramos, Guerreiro, 1915-1982. 2. Administração. 3. Administração pública. 4. Teoria da organização. I. Cavalcanti, Bianor Scelza. II. Costa, Frederico Lustosa da. III. Fundação Getulio Vargas.

CDD – 351.01

SUMÁRIO

Apresentação 7
Wagner Siqueira

Agradecimentos 11

Introdução: Pioneirismo e atualidade na obra de Guerreiro Ramos 15
Frederico Lustosa da Costa e Bianor Scelza Cavalcanti

Guerreiro Ramos cassado duas vezes 31
Luiz Carlos Bresser-Pereira e Lucas José Dib

PARTE I *Sociologia, periferia e teoria pós-colonial*

1. Guerreiro Ramos e O drama de ser dois 55
Ariston Azevedo e Renata Ovenhausen Albernaz

2. Guerreiro Ramos: a inspiração para a contextualização e o conhecimento aplicado 79
Bianor Scelza Cavalcanti

3. Guerreiro Ramos e Karl Popper: a sociologia e a questão metodológica 95
Edison Bariani

PARTE II *Teoria crítica e política paraeconômica*

4. Alberto Guerreiro Ramos: um homem parentético *105*
Paulo Emílio Matos Martins

5. Teoria da delimitação dos sistemas sociais *119*
Wilson Pizza Junior

6. Reciprocidade, homem parentético e *éthos* barroco *125*
Francisco Salgado

**7. A paraeconomia como outra economia:
o visionarismo guerreirista** *157*
Genauto Carvalho de França Filho

PARTE III *Crítica e autocrítica – diálogos consigo mesmo*

8. Guerreiro Ramos: por bem mais que 200 anos... *189*
Ana Paula Paes de Paula

PARTE IV *Administração como profissão de fé e saber
de salvação nacional*

9. Entrevista com Adílson de Almeida *199*

APRESENTAÇÃO

MORTO EM 1982, as apreciações de Guerreiro Ramos hoje, neste primeiro quartel do século XXI, são cada vez mais atuais e necessárias à compreensão e à mudança organizacional, imprescindíveis de serem amplamente compartilhadas por todos aqueles que se dedicam à formulação teórica e à prática da gestão das organizações.

Guerreiro Ramos pôs a nu os sofismas e as falsas concepções da teoria hoje prevalecente, cujo passamento – por ele atestado – não é de ser lamentado; é, ao contrário, um acontecimento auspicioso.

A teoria organizacional existente já não pode esconder seu paroquialismo. É paroquial porque focaliza os temas organizacionais de ponto de vista de critérios inerentes a um tipo de sociedade em que o mercado desempenha o papel de padrão e força abrangentes e integrativos. Torna-se muda, quando desafiada por temas organizacionais comuns a todas as sociedades. É também paroquial, porque se alimenta da fantasia da localização simples, isto é, da ignorância da interligação e da interdependência das coisas no universo; lida com as coisas como se elas estivessem confinadas em seções mecânicas de espaço e tempo.

Uma visão mais atenta à trajetória da humanidade ao longo dos tempos nos leva à constatação de que a sociedade de mercado não é necessariamente inarredável. O seu protagonismo é bem recente, não tem mais do que 300 anos de história, a partir da Revolução Industrial. E mais ainda: não se aplica a todas as formas de atuação humana hoje existentes, ou mesmo que já existiram ou que existirão possivelmente no futuro. E, assim, a teoria das organizações não pode se circunscrever essencialmente à lógica do mercado, concentrando-se apenas em um tipo especial de ação do homem em sociedade: a que temos hoje no mundo das organizações empresariais e na mundialização de uma economia de consumo e de crédito.

A presente teoria das organizações se encontra num beco sem saída. A humanidade constata no cotidiano que o aumento indefinido da produção de mercadorias e o progresso tecnológico indiscriminado não conduzem, necessariamente, ao desenvolvimento do potencial do homem. Nos limites dos interesses dominantes que prevaleceram no decurso dos três últimos séculos, a atual teoria das organizações já desempenhou o seu papel e cumpriu a missão que lhe cabia. A compreensão desse fato abre caminho para a elaboração de uma nova ciência multidimensional das organizações. Qualquer futuro que se visualize como um desenvolvimento linear da sociedade centrado no mercado será, necessariamente, pior do que o presente. A teoria das organizações deveria libertar-se de sua obsessão com o desenvolvimento e começar a compreender que cada sociedade contemporânea está potencialmente apta a se transformar numa boa sociedade se escolher se despojar da visão linear da história.

A teoria das organizações consiste no uso consciente e deliberado de um conjunto de conceitos e sistemas operacionais cuja finalidade é levar as pessoas a interpretarem e agirem na realidade organizacional na direção e no sentido que os agentes dominantes do mercado desejam. As organizações são essencialmente instrumentais ou funcionais para o mercado. Não são substantivas, mas fundamentalmente adjetivas e complementares, funcionais. E, assim, a racionalidade instrumental da teoria das organizações se torna racionalidade geral, indistinta, aplicada sempre a quaisquer situações em que se integram pessoas se relacionando com pessoas, por meio de distintos usos de hierarquia, para a consecução de determinados objetivos.

Nesse sentido, esta coletânea nos sugere, ou talvez até mesmo nos imponha, uma necessária reedição da obra seminal de Guerreiro Ramos, *A nova ciência das organizações: uma reconceituação da riqueza das nações.*

Por ocasião da primeira edição, os círculos intelectuais da gestão das organizações em todo o mundo foram abalados, mas praticamente não teve repercussões relevantes nas ações do cotidiano dos executivos e dos operadores no mundo das empresas e no universo da sociedade. Pensado e publicado originalmente em inglês, no Brasil

Apresentação 9

ficou restrito a um pequeno círculo de discussão. Augura-se, agora, melhor oportunidade, tanto no Brasil como no exterior, para esse pequeno texto de incomensurável envergadura e densidade intelectual, na linha de uma teoria crítica das organizações. Talvez as comunidades acadêmica e profissional estejam mais preparadas para recebê-la e dela se beneficiarem.

ADM. WAGNER SIQUEIRA

Presidente do Conselho Federal de Administração (CFA)

AGRADECIMENTOS

ESTE LIVRO NASCEU do trabalho de muitas pessoas que estiveram engajadas na realização do seminário comemorativo do centenário de nascimento do sociólogo Alberto Guerreiro Ramos – "Entre o passado e o futuro: pioneirismo e atualidade na obra de Guerreiro Ramos", uma parceria da Fundação Getulio Vargas (FGV), por meio de sua Diretoria Internacional (Dint), com a Universidade do Sul da Califórnia (University of Southern California). Aos dirigentes das duas instituições – o presidente da FGV, o professor Carlos Ivan Simonsen Leal, e o reitor da USC Price School of Public Policy, professor Jack Knott –, pelo lúcido e decidido apoio a esta iniciativa, os organizadores do evento e deste livro apresentam seus melhores agradecimentos.

Na FGV, o Seminário contou com o inestimável apoio da equipe da Dint, sob a supervisão do professor Luiz Estevam Lopes Gonçalves. Além dos professores que coordenaram o evento e que subscrevem estes agradecimentos, o professor Yann Durzet esteve diretamente envolvido com o seminário e com todo o projeto de cooperação com a USC. Sem seu trabalho incansável não teria sido possível realizar o evento principal e o *workshop* sobre Educação Continuada que ocorreu no dia seguinte. Também fundamental foi a atuação de Ariane Ladeira Vidal na articulação dos contatos com os diversos interlocutores nacionais e internacionais, bem como na organização do evento. Na Diretoria de Marketing da FGV, pudemos contar mais uma vez com a preciosa colaboração de Rachel Daza que, como de costume, envidou todos os esforços para que o seminário fosse um sucesso.

Do lado da USC, cabe desde logo um agradecimento ao professor e diretor para iniciativas internacionais na USC Price School of Public Policy, Eric Heikkila. Cumpre destacar seu engajamento e determinação, fundamentais para a manutenção da parceria e a participação dos demais colegas dessa instituição. Sua contribuição ativa no planejamento do encontro, com indicação de temas e sugestões de nomes, em muito enriqueceu a programação do evento.

Os organizadores do Seminário são especialmente reconhecidos a todos os palestrantes, debatedores e moderadores, que contribuíram com suas presenças e intervenções para a riqueza dos debates e o brilho do seminário. Cabe mencionar aqui os nomes do professor Américo Freire, do CPDOC, que apresentou o número especial dos *Cadernos EBAPE.BR*, lançado por ocasião do seminário, e dos professores-debatedores Célio França e Gustavo Costa de Souza que, por motivos particulares, não puderam apresentar trabalhos escritos para compor este livro. Por outro lado, o livro acolhe as valiosas contribuições de dois colegas que não intervieram presencialmente no seminário. Adilson Almeida, que sempre esteve à frente da parceria entre a FGV e o Sistema CFA-CRA (Conselhos Federal e Regionais de Administração), tornando possível várias iniciativas de cooperação, é um estudioso da formação e da profissionalização do administrador e resgata a contribuição de Guerreiro Ramos para a regulamentação da profissão. Wilson Pizza Junior foi durante todos os anos de exílio o principal interlocutor de Guerreiro Ramos no Brasil, mas é como estudioso da obra e analista judicioso que apresenta sua visão da teoria da delimitação dos sistemas sociais.

Finalmente, deve ser feito um agradecimento especial a Guilherme R. Garcia Marques, analista acadêmico da Dint/FGV, que em muito contribuiu para que déssemos forma a cada um dos textos e ao livro como um todo.

Nos países periféricos, a ideia e a prática da redução sociológica somente podem ocorrer ao cientista social que tenha
adotado sistematicamente uma posição de engajamento ou de
compromisso consciente com o seu contexto.

GUERREIRO RAMOS
A redução sociológica (1965)

INTRODUÇÃO

Pioneirismo e atualidade na obra de Guerreiro Ramos

Frederico Lustosa da Costa[*]
Bianor Scelza Cavalcanti[**]

HÁ ALGUM TEMPO, a Fundação Getulio Vargas, mais recentemente por meio de sua Diretoria Internacional, engajou-se em uma parceria com a Universidade do Sul da Califórnia (University of Southern California) para desenvolver ações conjuntas em torno da obra de Alberto Guerreiro Ramos, sociólogo brasileiro que honrou, com a proficiência de seu magistério, esses dois grandes centros de produção de conhecimento.

Essa parceria, que começou em 2014, é relativamente recente, mas a cooperação com a USC remonta aos anos 1950, quando alguns professores da Ebape (então, Ebap) tiveram a oportunidade de fazer sua formação doutoral na Califórnia. Especificamente com relação ao legado de Guerreiro Ramos, já em 1982, poucos meses depois de seu súbito desaparecimento, a Fundação Getulio Vargas realizou, de 18 a 20 de outubro, por iniciativa dos professores Ana Maria Marquesini, Fernando Guilherme Tenório e Frederico Lustosa da Costa (então aluno do Curso de

---

[*] Professor do Programa de Pós-Graduação em Administração (PPGAd) da Universidade Federal Fluminense e membro da Academia Brasileira de Ciência da Administração (ABCA).

[**] Presidente da Associação Internacional de Escolas e Institutos de Administração do Instituto Internacional de Ciências Administrativas (Iasia/Iias, em inglês). Diretor Internacional da Fundação Getulio Vargas. Ex-diretor da FGV/ EBAPE. Professor emérito da Escola de Comando e Estado-Maior do Exército (Eceme). É membro da Academia Brasileira de Ciência da Administração (ABCA) e ex-presidente do Grupo Latino-americano para a Administração Pública (Glap/Iias).

Mestrado), com a colaboração de Célio França, então diretor da Finep, o seminário "Guerreiro Ramos – resgatando uma obra", que reuniu, numa primeira homenagem, uma série de intelectuais, professores, pesquisadores, ex-alunos e alunos, inclusive da Califórnia. As transcrições das diversas intervenções de palestrantes e debatedores desse evento resultaram na publicação de um número especial da *Revista de Administração Pública*, que recebeu o título "Simpósio Guerreiro Ramos: resgatando uma obra" (abr./jun. 1983). Esse número também trazia um primeiro levantamento bibliográfico da obra de Guerreiro Ramos e a relação de Projetos e Pronunciamentos feitos na Câmara dos Deputados (ago. 1963 e abr. 1964) (Lustosa da Costa, 1983). Todos esses documentos serviram de base para muitos livros, teses, dissertações e artigos científicos posteriores.

No número anterior, já em 1983, antes de terminada a edição dos anais do Simpósio, a RAP editou outro número especial em que republicava três artigos de Guerreiro Ramos (1967, 1970, 1973) e trazia textos de Júlio Cesar do Prado Leite, Charles Reginaldo Girdwood e os depoimentos de João Eurico Matta e Ramon Moreira Garcia. No mesmo ano, a Editora da FGV republicou *Administração e estratégia do desenvolvimento*, de Guerreiro Ramos (1966), com o título *Administração e contexto brasileiro* (1983). A partir de então, além da RAP, inúmeros periódicos publicaram artigos importantes sobre a obra de Guerreiro Ramos, sendo praticamente impossível hoje localizar todos esses textos.

Entretanto, nesse esforço de resgate e apropriação da obra de Guerreiro Ramos ao longo desses anos, cabe destacar algumas iniciativas e publicações, a saber:

- As reedições de *A nova ciência das organizações* (1989), *Introdução crítica à sociologia brasileira* (1995), *A redução sociológica* (1996), *Uma introdução ao histórico da organização racional do trabalho* (2008) e *Mito e verdade da revolução brasileira* (2016);
- O trabalho pioneiro de Luiz Antônio Alves Soares, *A sociologia crítica de Guerreiro Ramos*, de 1993, republicado pelo CRA-RJ em 2006;
- O estudo de Lúcia Lippi de Oliveira, de 1995, publicado em livro sob o título *A sociologia do Guerreiro*, que enfatiza a produção sociológica de Guerreiro Ramos, a partir do contexto social e das influências que recebeu, e traz a transcrição do depoimento dado

Introdução

a ela e a Alzira Alves Abreu, no âmbito do Programa de História Oral do CPDOC, em 9 de junho de 1981;

- A realização pelo Centro Interdisciplinar de Desenvolvimento e Gestão Social (Ciags), da Escola de Administração da Universidade Federal da Bahia (UFBA), da "Semana Alberto Guerreiro Ramos – Gestão Social para o Desenvolvimento", no período de 17 a 20 de outubro de 2005. O evento foi realizado na Escola de Administração da Universidade Federal da Bahia, contando com a participação de palestrantes nacionais e internacionais de diversas áreas do conhecimento, que debateram a gestão social e suas formas organizativas em diferentes escalas territoriais em prol do desenvolvimento;

- A tese de Ariston Azevedo, *A sociologia antropocêntrica de Alberto Guerreiro Ramos*, de 2006, infelizmente ainda inédita em livro, que traz um recorte original da obra do sociólogo baiano, enfatizando seu humanismo radical e a coerência de seu pensamento;

- Os trabalhos de Edison Bariani, em dissertação de mestrado, *A sociologia no Brasil: uma batalha, duas trajetórias*, de 2003, em que discute o debate entre os sociólogos Guerreiro Ramos e Florestan Fernandes, no que diz respeito aos modos de fazer ciência (social) no Brasil, e em tese de doutorado, *Guerreiro Ramos e a redenção sociológica: capitalismo e sociologia no Brasil*, de 2008, publicada em 2011, onde apresenta, em perspectiva crítica, um vigoroso panorama dessa obra multifacetada, destacando a alternância e às vezes a concomitância entre engajamento e ceticismo;

- As teses de Aparecida Maria Abranches, *Nacionalismo e democracia no pensamento de Guerreiro Ramos* (2006); de Tatiana Gomes Martins, *Florestan Fernandes e Guerreiro Ramos: para além de um debate* (2008); de Andréa Estevam de Amorim, *A saúde sob a perspectiva da sociologia – textos inéditos de Guerreiro Ramos sobre puericultura e mortalidade infantil* (2008); e de Leonardo Borges da Cruz, *O pioneirismo de Alberto Guerreiro Ramos nos estudos sobre hierarquias raciais: a gênese de uma formação discursiva pós-colonial* (2014).[1]

---

1. Os autores agradecem a Ariston Azevedo e a Edison Bariani pela identificação das teses e dissertações listadas neste tópico e no seguinte.

- As dissertações de Márcio Ferreira de Souza, *A construção da concepção de desenvolvimento nacional no pensamento de Guerreiro Ramos* (2000); de Muryatan Santana Barbosa, *Guerreiro Ramos e o personalismo negro* (2004); de Layla Daniele Pedreira de Carvalho, *O equilíbrio de antagonismos e o niger sum: relações raciais em Gilberto Freyre e Guerreiro Ramos* (2008); de Ricardo Ramos Shiota, *Os pressupostos do debate intelectual entre Florestan Fernandes e Guerreiro Ramos nas décadas de 1950 e 1960: duas versões de teoria crítica da sociedade brasileira?* (2010); de Thiago da Costa Lopes, *Sociologia e puericultura no pensamento de Guerreiro Ramos: diálogos com a Escola de Chicago – 1943-1948* (2012); e de Juliane Rocha Lara, *Autoritarismo e democracia: duas formas de superação do atraso – Caio Prado Júnior e Alberto Guerreiro Ramos no debate* (2013);
- A instituição em 2010, pelo Conselho Federal de Administração (CFA), do Prêmio Guerreiro Ramos de Gestão Pública;
- A realização pela Diretoria Internacional da FGV do "Seminário Internacional Guerreiro Ramos 2014 – O legado de uma dupla cidadania acadêmica", em 15 de outubro de 2014;
- A publicação, em 2014, de *Guerreiro Ramos*, coletânea de depoimentos de professores e pesquisadores brasileiros e americanos organizada por Bianor Cavalcanti, Yann Duzert e Eduardo Marques;
- A realização, em 10 de setembro de 2015, do seminário que resulta na publicação deste livro, "Entre o passado e o futuro: pioneirismo e atualidade na obra de Guerreiro Ramos", uma parceria da Fundação Getulio Vargas (FGV), por meio de sua Diretoria Internacional (Dint), com a Universidade do Sul da Califórnia (University of Southern California);
- A realização, em Florianópolis, do "Seminário Guerreiro Ramos: Intérprete do Brasil", em comemoração ao centenário do nascimento do sociólogo, político brasileiro e professor da UFSC Alberto Guerreiro Ramos (1915-82), no dia 11 de setembro de 2015, no auditório do Centro de Filosofia e Ciências Humanas (CFH), com apoio da Fundação de Amparo à Pesquisa e Inovação em Santa Catarina (Fapesc);
- A criação e o desenvolvimento, no primeiro semestre de 2016, no âmbito do Grupo de Estudos e Pesquisa em Teoria Política e Pensa-

Introdução

mento Político Brasileiro (Beemote) do Instituto de Estudos Sociais e Políticos (Iesp) da Universidade do Estado do Rio de Janeiro (Uerj), do curso: "Teoria pós-colonial, pensamento social brasileiro e crítica da modernidade: a ciência social de Guerreiro Ramos", ministrado por Christian Edward Cyril Lynch.

Além dos números da RAP já referidos, entre outros periódicos que também dedicaram edições ou números especiais devotados à obra de Guerreiro Ramos, cumpre citar algumas publicações que já se tornaram referência para estudos posteriores:

- A edição especial da revista *Organização e Sociedade* (O&S, n. 52, 2010), organizada por Fernando Guilherme Tenório e José Antonio Gomes de Pinho, trazendo contribuições de Edison Bariani; Fernando Tenório; Ariston Azevedo e Renata Ovenhausen Albernaz; Diego Luiz Teixeira Boava, Fernanda Maria Felício Macedo e Elisa Yoshie Ichikawa; Luiz Eduardo Motta; Currtis Ventriss, Gaylor George Candler e José Francisco Salm; Julia Bellia Margoto, Ricardo Roberto Behr e Ana Paula Paes de Paula; Sandro Trescastro Bergue e Luis Roque Klering; Sérgio Luis Boeira e Daniele Mudrey; Genauto Carvalho França Filho; e os depoimentos de Wilson Pizza Junior e Tânia Fischer;
- O número temático dos *Cadernos EBAPE.BR* (v. 13, n. 3, 2015), sobre estudos organizacionais críticos e pensadores nacionais, organizado por Ana Paula Paes de Paula, trazendo artigos sobre Guerreiro Ramos de autoria de Maurício Serva, Déris Caitano, Laís Santos e Gabriel Siqueira; de Gustavo Costa de Souza e Antônio Lima Ornelas; e de Elinaldo L. Santos, Reginaldo Souza Santos e Vitor Braga;
- O número especial do *Caderno CRH* (v. 28, n, 73, 2015), com o dossiê "Sociologia periférica e questão racial", organizado por Breno Bringel, Christian Edward Cyril Lynch e Marcos Chor Maio, trazendo contribuições de: Edison Bariani; Christian Edward Cyril Lynch; João Marcelo Ehlert Maia; Breno Bringel e José Maurício Domingues; Marcos Chor Maio; Luiz Augusto Campos; e João Feres Júnior;

- O número especial dos *Cadernos EBAPE.BR*, de 2015, originado das contribuições ao "Seminário Internacional Guerreiro Ramos: O legado de uma dupla cidadania acadêmica" (2015), primeiro e único número impresso do periódico, trazendo artigos de João Marcelo E. Maia; Gaylord George Candler; Elio Chaves Flores; Ariston Azevedo e Renata Ovenhausen Alvernaz; Marcos Chor Maio; Américo Freire; e José Francisco Salm; todos devidamente apresentados no editorial de Fernando Guilherme Tenório e no texto introdutório de Bianor Scelza Cavalcanti.

Qual a razão do renovado interesse pela obra de Alberto Guerreiro Ramos, passados 35 anos de seu prematuro desaparecimento?

Além da importância intrínseca do pensamento de Guerreiro Ramos, que justifica até certo ponto esse resgate, muitas hipóteses podem ser aventadas nesse sentido, em função da diversidade de temas que abordou e que agora são recuperados, conforme se pode constatar na pequena listagem de teses e dissertações e nos sumários dos números especiais dos periódicos precedentemente citados. Cogita-se aqui de cinco explicações principais e uma previsão.

Em primeiro lugar, o crescimento do número, a consolidação e o fortalecimento dos grupos de pesquisas devotados ao chamado pensamento social brasileiro, que buscam estudar as obras daqueles autores que procuraram contribuir para a formulação de uma espécie de teoria do Brasil, vale dizer, o conjunto de interpretações abrangentes sobre a realidade nacional, inclusive na área de administração.[2] Além de ser incluído entre esses autores, Guerreiro Ramos (1953,

---

2. Criado em 1988, no Departamento de Administração da UFF, e depois transferido para a Escola Brasileira de Administração Pública e de Empresas (Ebape) da Fundação Getulio Vargas, o Núcleo de Estudos de Administração Brasileira (Abras), hoje vinculado ao Programa de Pós-graduação em Administração (PPGAd) da Universidade Federal Fluminense (UFF), tem como objetivo central "o estudo do 'espaço-dinâmica organizacional' no Brasil como fenômeno histórico, político, econômico e cultural, isto é: como lócus de (re)produção do simbólico sobre o trabalho, seu sítio de ocorrência e sua gestão, tendo como referência teórica o pensamento social e os intérpretes do Brasil". Disponível em: <http://abrasuff.blogspot.com.br/p/quem-somos.html>.

Introdução 21

1957) foi ele mesmo um dos pioneiros desse tipo de estudo, fazendo sínteses de escolas de pensamento e das contribuições de diferentes gerações de intelectuais, e destacando a importância dos chamados parassociólogos (os intelectuais pré-institucionalização da sociologia como disciplina autônoma), entre os quais destacava suas principais influências: visconde do Uruguai, Silvio Romero, Euclides da Cunha, Alberto Torres e Oliveira Viana (Oliveira, 1995; Lynch, 2015).

Em segundo lugar, o surgimento, o reconhecimento e a consolidação, no âmbito das ciências sociais em geral, de um pensamento pós-colonial, que visa superar, entre os povos periféricos, o etnocentrismo e suas noções de Ocidente e modernidade, dando voz às culturas subalternas. Essa perspectiva busca compreender a construção do sentido de centralidade da cultura metropolitana e ressignificar os constructos teóricos que deterioram as identidades das sociedades reflexas. Nesse sentido, a condição colonial vai além da dominação política e econômica, que estabelece relações de exploração e opressão. Ela se revela na subalternidade das culturas nativas do antigo mundo colonial. Ora, o pensamento de Guerreiro Ramos também foi pioneiro na denúncia da condição subalterna da ciência e da cultura nacionais face ao pensamento dominante nas economias centrais, como se pode constatar, entre outros livros, na *Cartilha brasileira do aprendiz de sociólogo: prefácio a uma sociologia nacional* (1953), na *Introdução crítica à sociologia brasileira* (1957) e em *A redução sociológica* (1958-1965). Sua obra é um manifesto em favor da superação da condição reflexa de nossa sociedade e da busca da constituição de um saber construído a partir da assimilação crítica da produção intelectual importada e da nossa própria experiência histórica.[3]

Em terceiro lugar, a introdução do conceito de novo-desenvolvimentismo no debate econômico do Brasil contemporâneo, sobretudo por iniciativa de Bresser-Pereira (2004, 2016; Cristaldo et al., 2017), tem suscitado comparações entre esse "novo" modelo e as ideias propugnadas pelo Ibesp e pelo Iseb nos anos 1950 e especificamente por Guerreiro Ramos em *A redução sociológica* e em *Administração e estratégia do de-*

---

3. Filgueiras (2012); Maia (2015a, 2015b); Lynch (2015); Candler (2015).

senvolvimento (1966). É claro que ambas as estratégias suscitam críticas e controvérsias (Sampaio Júnior, 2012) e que o próprio Guerreiro Ramos fez a autocrítica das ideias desenvolvimentistas que propugnou em *A modernização em nova perspectiva: em busca do modelo da possibilidade* (1967) e, sobretudo, em *A nova ciência das organizações* (1989). A agenda de pesquisas aponta para uma tentativa de articulação entre os dois momentos da obra de Guerreiro Ramos e as possibilidades de conciliação entre as ideias de paraeconomia (que parte da crítica ao industrialismo da economia convencional e, nesse sentido, parcialmente influenciada pelo modelo de decrescimento de Nicholas Georgescu-Roegen [2012]) e a retomada do desenvolvimentismo em bases globalizadas.

Em quarto lugar, os estudos de Guerreiro Ramos sobre relações raciais, que questionavam o pensamento dominante entre os sociólogos brasileiros nos anos 1930, 1940 e 1950, desconstruindo as teorias sobre democracia racial, largamente influenciadas pelo pensamento de Gilberto Freyre. Guerreiro Ramos inaugura a sociologia do ponto de vista do negro brasileiro, refletindo a partir de sua própria experiência como "cidadão de cor" e como sociólogo em mangas de camisa (Guerreiro Ramos, 1954, 1957). Particularmente interessante nessa fase é seu trabalho de análise social e intervenção psicossociológica (Nascimento, 2003) em que procura realizar uma ação de sociologia clínica (Enriquez, 1992, 1993), prestando assistência, por meio da grupoterapia (Moreno, 1974), a sujeitos (negros) que sofrem (Maio, 2015a, 2015b).

A continuada crise e as transformações da economia formal, o fortalecimento de setores econômicos emergentes, o surgimento de estratégias alternativas de coprodução, cofinanciamento e consumo compartilhado, e o fortalecimento de formas de organização cooperativa para a geração de renda têm ensejado a retomada da teoria da delimitação dos sistemas sociais para explicar essas transformações. Com efeito, é crescente o número de atividades produtivas que prosperam à margem, parcialmente fora ou complementarmente à economia monetizada do mercado tradicional. Também é significativo o número de análises e discussões acadêmicas sobre economia solidária, microcrédito e economia criativa que se valem do aporte teórico da paraeconomia para fundamentar a discussão desses temas.[4]

---

4. França Filho (2010, 2007); Souza (2014); Scelza (2017).

Introdução 23

Cabe ainda acrescentar aqui uma previsão razoavelmente bem fundada. A releitura, a partir de uma perspectiva pós-colonial, do conceito de formalismo (Guerreiro Ramos, 1966) e a retomada, pelo New Public Service (Denhardt, 2012), de ideias veiculadas pelo movimento da nova administração pública – do qual Guerreiro Ramos pode ser considerado um prócer importante nos Estados Unidos (Guerreiro Ramos, 1970) – são apenas dois exemplos de temas que ele introduziu e que revelam grande atualidade, e que certamente vão ensejar a retomada de suas contribuições específicas para o campo da administração pública.

Este livro parte deste reconhecimento. Dando continuidade a essa retomada, o seminário "Entre o passado e o futuro: pioneirismo e atualidade na obra de Guerreiro Ramos", de 2015, como seu nome indica, tinha o propósito de estabelecer uma ponte entre o passado, destacando o pioneirismo da obra de Guerreiro Ramos nos anos 1940, 1950 e 1960, conforme se destaca mais adiante, e o futuro, evidenciando o caráter antecipatório de seus trabalhos nos anos 1970 e início dos anos 1980. Com esse propósito, reuniu especialistas em diferentes momentos e aspectos da obra de Guerreiro Ramos.

O livro dele decorrente está organizado segundo lógica semelhante àquela que orientou a elaboração de sua programação, embora, infelizmente, nem todos os palestrantes estejam representados, e, felizmente, tenhamos podido contar com duas contribuições de autores que não participaram dos debates do seminário. Assim, a ordem de apresentação dos trabalhos é um pouco diferente daquela prevista na programação do encontro. Em todo caso, de acordo com a concepção original, os textos estão encadeados segundo os dois eixos estabelecidos para organizar os temas em debate: "Sociologia, periferia e teoria pós-colonial" e "Teoria crítica e política paraeconômica".

Fora desses eixos temáticos, o seminário foi introduzido pela palestra magna de Luiz Carlos Bresser-Pereira, que resultou no artigo intitulado "Guerreiro Ramos cassado duas vezes", escrito em coautoria com Lucas José Dib. Nele, os autores traçam um perfil intelectual de Guerreiro Ramos, a partir de uma leitura cuidadosa de grande parte de suas obras, e estabelecem um diálogo com o próprio autor – o negro, o sociólogo (crítico), o administrador público, o político e o professor.

Essa exegese não obedece a uma ordem cronológica nem respeita uma rígida divisão por temas – o método, a sociologia crítica, o sociólogo do Iseb (vale dizer, do desenvolvimento), a consciência crítica, o nacionalismo, os diferentes momentos da política brasileira (e a crise do poder) e certa desilusão com o Brasil que reencontra em 1980. O texto sugere que Guerreiro Ramos foi cassado duas vezes: em 1964, pelo Regime Militar, e, a partir de 1974, com o processo de distensão, transição política ou abertura, que não lhe ofereceu o merecido reconhecimento.

O primeiro bloco recebeu o título de "Sociologia, periferia e teoria pós-colonial" e traz as contribuições de Ariston Azevedo e Renata Ovenhausen Albernaz; Bianor Scelza Cavalcanti; e Edison Bariani. No primeiro texto, intitulado "Guerreiro Ramos e o drama de ser dois", Azevedo e Albernaz fazem uma homenagem ao poeta cristão e existencialista Guerreiro Ramos que, em 1937, um jovem de apenas 22 anos, ainda em Salvador, publicou O drama de ser dois. O livro revela a influência duradoura de Nicolas Berdyaiev (ou Berdiaieff) no pensamento de Guerreiro Ramos. O cristianismo, além de revelar a nossa dualidade – anjo (chamado por Deus) e presa das circunstâncias (tentações do mundo) –, aparece então como uma porta para a liberdade e a afirmação do sujeito na sua experiência concreta.

O texto de Bianor Cavalcanti, "Guerreiro Ramos: a inspiração para a contextualização e o conhecimento aplicado", se detém na questão do papel motivador e inspirador do pensamento de Guerreiro Ramos para as novas gerações de pesquisadores, orientando-os em seus estudos para a solução dos problemas mais relevantes para a transformação e o desenvolvimento do Brasil – relatando, inclusive, sua própria experiência como pesquisador a partir do legado de Guerreiro Ramos.

Finalmente, nessa primeira parte, Edison Bariani, em "Guerreiro Ramos e Karl Popper: a sociologia e a questão metodológica", num texto breve e elucidativo, estabelece um inusitado paralelo entre a metodologia científica de Guerreiro Ramos e os preceitos científicos do positivismo lógico de Karl Popper, apontando certas fragilidades do empirismo prevalente na sociologia brasileira dos anos 1950.

O segundo eixo, "Teoria crítica e política paraeconômica", entendendo-se por teoria crítica a própria tentativa de desconstrução das

Introdução

ciências sociais contemporâneas feita por Guerreiro Ramos, reúne textos sobre o "homem parentético", a teoria da delimitação dos sistemas sociais e a paraeconomia. O artigo de Paulo Emílio Mattos Martins, "Guerreiro Ramos: um homem parentético", retoma o tema do "homem parentético" para colocar o próprio Guerreiro Ramos como um intelectual entre parêntesis, com relação a seu tempo e espaço (social). Para tanto, faz a genealogia do conceito desde seu aparecimento em *Mito e verdade da revolução brasileira* (Guerreiro Ramos, 1963) até sua elaboração mais acabada em *Modelos de homem e teoria administrativa* (Guerreiro Ramos, 1984), estabelecendo um paralelo com o homem parentético e o homem "bidimensional" de *O drama de ser dois* (Guerreiro Ramos, 1937).

O brevíssimo depoimento de Wilson Pizza Junior dá conta de dois momentos de admiração e colaboração, de durações muito diferentes, e de uma continuada difusão da obra de Guerreiro Ramos. Wilson Pizza, como jovem estagiário da Ebape, foi o último colaborador de Guerreiro Ramos no Brasil antes de sua partida para o exílio. Mais do que isso, foi seu procurador no Brasil em todo o tempo em que esteve afastado do país. Datilógrafo de grandes partes de *Administração e estratégia do desenvolvimento*, foi o grande confidente, parceiro, amigo e divulgador do trabalho de Guerreiro Ramos antes, durante e depois de seu exílio na Califórnia. Disso são testemunho seus artigos publicados na RAP (Pizza Junior, 1991, 1993, 1997a, 1997b). No texto aqui publicado, "Teoria da delimitação dos sistemas sociais", Pizza Junior expõe com proficiência os fundamentos mais perenes e atuais da teoria que Guerreiro Ramos legou às gerações futuras sobre os limites da razão moderna, a sociedade centrada no mercado e as possibilidades de emancipação oferecidas pelas novas políticas de delimitação do espaço do mercado.

Ainda nesse bloco, o trabalho de Francisco Salgado, "Reciprocidade, homem parentético e *éthos* barroco", estabelece um paralelo entre o pensamento de Guerreiro Ramos e o do filósofo equatoriano Bolívar Echeverría, identificando uma relação entre as concepções de homem parentético e de delimitação de sistemas sociais de Guerreiro Ramos e os postulados do *éthos* barroco e da modernidade do equatoriano Echeverría, com o propósito de oferecer uma reflexão sobre o significado da reciprocidade nas organizações e na sociedade, categoria fundamental para os estudos organizacionais.

Na último texto da segunda parte, Genauto Carvalho de França Filho se aprofunda na discussão dos sentidos da paraeconomia para explicar transformações importantes nas estruturas de produção e distribuição de bens, e nas lógicas de financiamento dessas "empresas" e, ao mesmo tempo, identificar suas relações com a "outra" economia, sublinhando aproximações e especificidades.

Também fora dos dois eixos principais, o texto de Ana Paula Paes de Paula estabelece agora outro tipo de diálogo com Guerreiro Ramos, o homem, e sua obra. Ela se vale do depoimento oferecido ao CPDOC em 1981 (Oliveira, 1995) para entabular uma conversação mais intimista com o homem Guerreiro Ramos e surpreendê-lo nas suas afirmações e fragilidades. A partir de entrechos desse depoimento, Paes de Paula apresenta o pensamento de Guerreiro Ramos em três partes. A primeira aborda as visões do Guerreiro Ramos sobre o Brasil. A segunda discute as influências intelectuais que o guiaram. E a terceira traz sua opinião sobre o fazer científico.

Finalmente, o último capítulo, uma entrevista com Adílson de Almeida, administrador, professor e ex-presidente do Conselho Regional de Administração do Rio de Janeiro (CRA-RJ), nos brinda com uma visão íntima de Guerreiro Ramos, proferida por um de seus ex-alunos. Destacam-se os relatos a respeito do papel de Guerreiro Ramos, desde sua atuação no Dasp, em diversos momentos das tratativas que levaram à promulgação da Lei nº 4.769, de 9 de setembro de 1965, que reconhece a profissão de administrador, por ocasião de seu cinquentenário. Com efeito, foi Guerreiro Ramos quem indicou os fundamentos técnicos para a profissionalização da administração, sobretudo no setor público, e apresentou, em 1963, o projeto de lei que, embora aprovado na Câmara, nunca foi submetido ao Senado, sendo substituído por outro de mesmo teor. Entretanto, cabe a ele o crédito da iniciativa e sua fundamentação.

As diversas contribuições que compõem este livro se firmam como uma referência obrigatória no debate mais orgânico e articulado sobre a obra de Guerreiro Ramos, a sociologia brasileira e o pensamento

Introdução

social brasileiro, o novo e o velho desenvolvimentismo, a velha nova administração pública e a paraeconomia, todos temas tratados de uma perspectiva pós-colonial.

Infelizmente, não obstante os grandes esforços empreendidos nos últimos anos, aqui superficialmente recenseados, ainda há razoável ignorância com relação ao pensamento crítico brasileiro (e latino--americano), dir-se-á também pós-colonial, e a enorme capacidade de antecipação de agendas de pesquisas para o século XXI que nos oferece a obra de Guerreiro Ramos.

Que estas análises, reflexões e temas de investigação semeiem entre professores, pesquisadores, *scholars*, *policy makers*, estudiosos e estudantes o desejo de conhecer e adotar uma perspectiva crítica com relação ao conhecimento dado.

E que a leitura seja leve e prazerosa.

REFERÊNCIAS

ABRANCHES, A. M. *Nacionalismo e democracia no pensamento de Guerreiro Ramos*. Tese (doutorado em ciência política) – Instituto Universitário de Pesquisa do Rio de Janeiro, Rio de Janeiro, 2006.

AMORIM, A. E. de. *A saúde sob a perspectiva da sociologia*: textos inéditos de Guerreiro Ramos sobre puericultura e mortalidade infantil. Tese (doutorado em Saúde Coletiva) – Instituto de Medicina Social, Universidade do Estado do Rio de Janeiro, 2008.

AZEVEDO, A. *A sociologia antropocêntrica de Alberto Guerreiro Ramos*. Tese (doutorado em sociologia política) – Universidade Federal de Santa Catarina, Florianópolis, 2006.

BARBOSA, M. S. *Guerreiro Ramos*: o personalismo negro. Dissertação (mestrado em sociologia) – Departamento de Sociologia, Universidade de São Paulo, São Paulo, 2004.

BARIANI, E. *A sociologia no Brasil*: uma batalha, duas trajetórias (Florestan Fernandes e Guerreiro Ramos). Dissertação (mestrado em sociologia) – Universidade Estadual Paulista Júlio de Mesquita Filho, Araraquara, 2003.

_____. *Guerreiro Ramos e a redenção sociológica*: capitalismo e sociologia no Brasil. São Paulo: Editora Unesp, 2011.

_____. *Guerreiro Ramos e a redenção sociológica*: capitalismo e sociologia no Brasil. Tese (doutorado em sociologia) – Universidade Estadual Paulista Júlio de Mesquita Filho, Araraquara, 2008.

BRESSER-PEREIRA, L. C. O conceito de desenvolvimento do Iseb rediscutido. *Dados*: Revista de Ciências Sociais, Rio de Janeiro, v. 47, n. 1, p. 49-84, 2004.

_____. Teoria novo-desenvolvimentista: uma síntese. *Cadernos do Desenvolvimento*, Rio de Janeiro, v. 11, n. 19, p. 145-165, 2016.

CADERNO CRH. Sociologia periférica e questão racial: revisitando Guerreiro Ramos.

CADERNOS EBAPE.BR. Estudos organizacionais críticos e pensadores nacionais, Rio de Janeiro, v. 13, n. 3, 2015.

_____. O centenário de Guerreiro Ramos, Rio de Janeiro, v. 13, n. esp., 2015.

CANDLER, G. G. 'Assimilação crítica' e pesquisa sobre a periferia. *Cadernos EBAPE.BR*, Rio de Janeiro, v. 13, n. esp., p. 550-559, 2015.

CARVALHO, L. D. P. de. *O equilíbrio de antagonismos e o niger sum*: relações raciais em Gilberto Freyre e Guerreiro Ramos. Dissertação (mestrado em sociologia) – Universidade de Brasília, Brasília, 2008.

CAVALCANTI, B. S.; DUZERT, Y.; MARQUES, E. *Guerreiro Ramos*: coletânea de depoimentos. Rio de Janeiro: Editora FGV, 2014.

CRISTALDO, R. C.; RIBEIRO, M. M.; HUBER PESSINA, M. E. Administração Política e Novo-desenvolvimentismo, alternativas ou continuidade? *Farol*: Revista de Estudos Organizacionais e Sociedade, s.l., v. 4, n. 10, p. 601-663, out. 2017.

CRUZ, L. B. *O pioneirismo de Alberto Guerreiro Ramos nos estudos sobre hierarquias raciais*: a gênese de uma formação discursiva pós-colonial. Tese (doutorado em sociologia) – Universidade Federal de São Carlos, São Carlos, 2014.

DENHARDT, R. *Teorias da administração pública*. São Paulo: Cengage Learning, 2012.

ENRIQUEZ, E. *L'analyse clinique dans les sciences humaines*. Montréal: Éditions Saint-Martin, 1993.

_____. *L'organisation en analyse*. Paris: PUF, 1992.

FILGUEIRAS, F. de B. Guerreiro Ramos, a redução sociológica e o imaginário pós-colonial. *Caderno CRH*, Salvador, v. 25, n. 65, p. 347-363, ago. 2012.

FRANÇA FILHO, G. Decifrando a noção de paraeconomia em Guerreiro Ramos: a atualidade de sua proposição. *Organizações & Sociedade*, v. 17, n. 52, art. 10, p. 175-197, 2010.

_____. Teoria e prática em economia solidária: problemática, desafios e vocação. *Civitas*, Porto Alegre, v. 7, n. 1, p. 155-174, 2007.

GARCIA, R. M. A vida de um guerreiro... com sabedoria e senso de humor: uma sinopse da obra de Guerreiro Ramos. *Revista de Administração Pública*, Rio de Janeiro, v. 17, n. 1, p. 107-126, jan./mar. 1983.

GEORGESCU-ROEGEN, N. *O decrescimento*. São Paulo: Editora Senac, 2012.

GUERREIRO RAMOS, A. A modernização em nova perspectiva: em busca do modelo da possibilidade. *Revista de Administração Pública*, Rio de Janeiro, n. 2, p. 7-44, 1967.

_____. *A nova ciência das organizações*: uma reconceituação da riqueza das nações. 2. ed. Rio de Janeiro: Editora FGV, 1989.

_____. A nova ignorância e o futuro da administração pública na América Latina. *Revista de Administração Pública*, Rio de Janeiro, n. 4, p. 7-45, 1970.

Introdução

____. *A redução sociológica*. Rio de Janeiro: Tempo Brasileiro, 1958-1965.

____. *A redução sociológica*. 3. ed. Rio de Janeiro: Editora UFRJ, 1996.

____. A teoria administrativa e a utilização inadequada de conceitos. *Revista de Administração Pública*, Rio de Janeiro, v. 7, n. 3, p. 5-17, 1973.

____. *Administração e contexto brasileiro*. Rio de Janeiro: Editora FGV, 1983.

____. *Administração e estratégia do desenvolvimento*: elementos de uma sociologia especial da administração. Rio de Janeiro: Editora FGV, 1966.

____. *Cartilha brasileira do aprendiz de sociólogo*: prefácio a uma sociologia nacional. Rio de Janeiro: s. n., 1953.

____. *Introdução crítica à sociologia brasileira*. Rio de Janeiro: Andes, 1957.

____. *Introdução crítica à sociologia brasileira*. Rio de Janeiro: Andes, 1995.

____. *Mito e verdade da revolução brasileira*. Rio de Janeiro: Zahar, 1963.

____. *Mito e verdade da revolução brasileira*. Florianópolis: Insular, 2016.

____. Modelos de homem e teoria administrativa. *Revista de Administração Pública*, Rio de Janeiro, v. 18, n. 2, p. 3-12, 1984.

____. *O drama de ser dois*: poesias. Salvador, 1937.

____. *O processo da sociologia no Brasil*: esquema de uma história das ideias. Rio de Janeiro: Andes, 1954.

____. *Uma introdução ao histórico da organização racional do trabalho*. Brasília: Conselho Federal de Administração, 2008.

____. *Uma introdução ao histórico da organização racional do trabalho*: ensaio de sociologia do conhecimento. Tese apresentada em 1949 ao concurso para provimento em cargo da carreira de técnico em administração do quadro permanente do Departamento Administrativo do Serviço Público – Dasp. Rio de Janeiro: Departamento de Imprensa Nacional, 1950.

LARA, J. R. *Autoritarismo e democracia*: duas formas de superação do atraso – Caio Prado Júnior e Alberto Guerreiro Ramos no debate. Dissertação (mestrado em ciências sociais) – Universidade Federal de Juiz de Fora, Juiz de Fora, 2013.

LOPES, T. da C. *Sociologia e puericultura no pensamento de Guerreiro Ramos*: diálogos com a Escola de Chicago (1943-1948). Dissertação (mestrado em história das ciências e da saúde) – Fundação Oswaldo Cruz, Rio de Janeiro, 2012.

LUSTOSA DA COSTA, F. Levantamento bibliográfico. *Revista de Administração Pública*, Rio de Janeiro, v. 17, n. 2, p. 155-162, abr./jun. 1983.

LYNCH, C. E. C. Teoria pós-colonial e pensamento brasileiro na obra de Guerreiro Ramos: o pensamento sociológico (1953-1955). *Caderno CRH*, Salvador, v. 28, n. 73, p. 27-45, abr. 2015.

MAIA, J. M. E. A sociologia periférica de Guerreiro Ramos. *Caderno CRH*, Salvador, v. 28, n. 73, p. 47-58, abr. 2015a.

____. História dos intelectuais no Terceiro Mundo: reflexões a partir do caso de Guerreiro Ramos. *Caderno EBAPE.BR*, Rio de Janeiro, v. 13, n. esp., p. 550-559, set. 2015b.

MAIO, M. C. Cor, intelectuais e nação na sociologia de Guerreiro Ramos. *Cadernos EBAPE.BR*, Rio de Janeiro, v. 13, n. esp., 2015.

_____. Guerreiro Ramos interpela a Unesco: ciências sociais, militância e antirracismo. *Caderno CRH*, Salvador, v. 28, n. 73, p. 77-89, 2015a.

MARTINS, T. G. *Florestan Fernandes e Guerreiro Ramos*: para além de um debate. 2008. Tese (doutorado) – Universidade Estadual de Campinas, Campinas, 2008.

MORENO, J. L. *Psicoterapia de grupo e psicodrama*. São Paulo: Mestre Jou, 1974.

NASCIMENTO, A. do. *Quilombo*: vida, problemas e aspirações do negro. São Paulo: 34 Letras, 2003.

OLIVEIRA, L. L. *A sociologia do Guerreiro*. Rio de Janeiro: Editora UFRJ, 1995.

PIZZA JÚNIOR, W. A sociologia crítica de Guerreiro Ramos: um estudo sobre um sociólogo polêmico. *Revista de Administração Pública*, Rio de Janeiro, v. 27, n. 4, p. 147-151, 1993.

_____. Administração e meio ambiente. *Revista de Administração Pública*, Rio de Janeiro, v. 25, n. 4, p. 12-24, 1991.

_____. Tempo nas organizações. *Revista de Administração Pública*, Rio de Janeiro, v. 31, n. 1, p. 24-28, 1997b.

_____. Trajetória parlamentar de Alberto Guerreiro Ramos. *Revista de Administração Pública*, Rio de Janeiro, v. 31, n. 5, p. 24-28, 1997a.

REVISTA DE ADMINISTRAÇÃO PÚBLICA. Simpósio Guerreiro Ramos: resgatando uma obra, Rio de Janeiro, v. 17, n. 1, 1983a.

_____. Simpósio Guerreiro Ramos: resgatando uma obra, Rio de Janeiro, v. 17, n. 2, 1983b.

REVISTA ORGANIZAÇÕES & SOCIEDADE. Edição especial Guerreiro Ramos, Salvador, v. 17, n. 52, 2010.

_____. Edição especial Guerreiro Ramos, Salvador, v. 28, n. 73, 2015.

SAMPAIO JÚNIOR, P. de A. Desenvolvimentismo e neodesenvolvimentismo: tragédia e farsa. *Serv. Soc. Soc.*, São Paulo, n. 112, p. 672-688, out./dez. 2012.

SCELZA, F. Z. *A relevância do crédito cooperativo para o desenvolvimento econômico local do estado de São Paulo em comparação com a região da Lombardia*. Dissertação (mestrado profissional em administração pública) – Escola Brasileira de Administração Pública e de Empresas, Fundação Getulio Vargas, Rio de Janeiro, 2017.

SHIOTA, R. R. *Os pressupostos do debate intelectual entre Florestan Fernandes e Guerreiro Ramos nas décadas de 1950 e 1960*: duas versões de teoria crítica da sociedade brasileira? Dissertação (mestrado em sociologia) – Universidade Estadual Paulista Júlio de Mesquita Filho, Araraquara, 2010.

SOARES, L. A. A. S. *A sociologia crítica de Guerreiro Ramos*. Rio de Janeiro: Copy & Arte, 1993.

_____. *A sociologia crítica de Guerreiro Ramos*. Rio de Janeiro: CRA-RJ, 2006.

SOUZA, G. C. de. Les pénaltys du développement – Dossier Brésil: le talon d'Achille d'un géant. *France Amerique Latine Magazine*, v. 2014-1, p. 9, 2014.

SOUZA, M. F. *A construção da concepção de desenvolvimento nacional no pensamento de Guerreiro Ramos*. Dissertação (mestrado) – Universidade Federal de Minas Gerais, Belo Horizonte, 2000.

Guerreiro Ramos cassado duas vezes

LUIZ CARLOS BRESSER-PEREIRA[*]
LUCAS JOSÉ DIB[**]

ALBERTO GUERREIRO RAMOS (1915-82) foi figura dominante e polêmica da sociologia brasileira nos anos 1950. Escreveu inúmeras e importantes obras e deixou um legado que até hoje é revisitado. Era baiano natural de Santo Amaro da Purificação, negro e de origem humilde, tendo perdido o pai no início da infância. Sua primeira obra, ainda na adolescência, foi um livro de poesia: O drama de ser dois, de 1937, uma alusão ao estado de espírito que alimentaria suas mais agudas preocupações e dilemas internos: a libertação do negro vítima de discriminação; a de um intelectual de país periférico preocupado com a defesa da soberania político-econômica e cultural de seu país; e a do homem engajado na construção de um projeto nacional capaz de transformar a realidade brasileira, que havia sido erigida, segundo ele, a partir da subordinação mental da elite nativa que importou a "realidade nacional" de forma enlatada dos países dominantes.

Tendo migrado com a mãe para Salvador em 1920, o jovem Guerreiro militou no Centro Católico de Cultura, onde ficou sob a batuta do padre dominicano Béda Kerkaiser, e foi influenciado por intelectuais como Emmanuel Mounier e Jacques Maritain, com os quais trocou correspondências. Como muitos jovens católicos da época, passou pela Ação Integralista Brasileira e contou com o apoio de Rômulo Almeida, que depois teria um papel decisivo no segundo governo Getúlio Vargas, como chefe de sua assessoria econômica. Em 1939, o jovem e talentoso Guerreiro foi contemplado com uma bolsa do Governo do Estado da Bahia para estudar ciências sociais na Facul-

---

[*] Professor emérito da Fundação Getulio Vargas.
[**] Doutorando em administração pública e governo na Eaesp/FGV.

dade Nacional de Filosofia no Rio de Janeiro, então capital federal, onde enveredou por autores como Arthur Ramos, Karl Mannheim, e se aproximou da sociologia americana de Robert Park e Samuel Smith – ambos da Escola de Sociologia de Chicago – e William Isaac Thomas, além de leituras dos sociólogos clássicos: Karl Marx, Émile Durkheim e Max Weber. Também tiveram impacto em sua formação as obras do filósofo político russo Nikolai Berdyaev.

Indicado por San Tiago Dantas, outra grande figura da República, que viria a ser ministro das Relações Exteriores de João Goulart, Guerreiro Ramos inicia atividade como docente de "Problemas Econômicos e Sociais do Brasil", no Departamento Nacional da Criança. Já em 1943, assume interinamente como técnico do Departamento de Administração do Serviço Público (Dasp),[1] que fora encarregado por Getúlio Vargas de realizar a Reforma Burocrática de 1936, e nesse setor-chave ficou por seis anos. Em suas próprias palavras, Guerreiro, a despeito da importante função, era um sociólogo que desejava estar em "mangas de camisa", mas se viu "engravatado":

Analisava projetos de organização de departamentos, como o Departamento de Agricultura, de penitenciárias, ia para as repartições e dava nova forma, pois eles precisavam se reorganizar. Organizava a polícia [...] fazia recrutamento de pessoal para o governo federal, fui chefe da seção de recrutamento [...] era uma coisa chatíssima. Desde o começo eu vi que aquilo era chato [...] eu era um peixe fora d'água. [Oliveira apud Guerreiro Ramos, 1995a:146]

Entretanto, como intelectual engajado que era, é nesse mesmo período que o sociólogo daspiano Guerreiro adota uma visão na-

---

1. Com a Constituição de 1937, passou a exigir-se o concurso público para o ingresso ao funcionalismo público e, em 1938, criou-se o Dasp, que passa a ser o órgão responsável pela reforma do Serviço Público. Além do Dasp, por meio dos Conselhos de Geografia, Economia e Finanças, além do Ministério da Educação e outros órgãos públicos, o Estado brasileiro ganhou consistência administrativa e um sentido nacional para sua ação. Deixou de ser mero garantidor da ordem social, como ocorrera até 1930, para se tornar agente de serviços sociais e, principalmente, indutor do desenvolvimento econômico e articulador de um projeto político-econômico estratégico.

Guerreiro Ramos cassado duas vezes 33

cionalista, semelhante à adotada por Getúlio Vargas, e escreve seus primeiros trabalhos voltados à administração pública. O veículo foi a *Revista de Serviço Público*, do próprio Dasp, e seu primeiro artigo foi "Administração e política à luz da sociologia", de 1946. Nele, ele explica sua crítica à "neutralidade moral" do agente público, argumentando que afinal haveria sempre "[...] um resíduo ideológico da conduta burocrática", ou que "toda modalidade de conduta é situacionalmente configurada" (Guerreiro Ramos, 2012:104). Depois desta introdução, passamos agora a palavra a Guerreiro Ramos para que ele nos fale sobre suas múltiplas facetas: o negro, o sociólogo, o administrador público, o político, o professor.

O método

Vejamos, primeiro, o que Guerreiro nos diz sobre seu método em sua *Cartilha*: "Toda sociologia autêntica é, direta ou indiretamente, um propósito salvador de reconstrução social" (Guerreiro Ramos, 1954:19). Continua Guerreiro:

> É necessário, através de um processo de estilização científica, transportar para o plano abstrato dos conceitos as realidades históricas efetivas [...] Os conceitos sociológicos não saíram da cabeça dos sociólogos, não lhes foram revelados em uma hora de mediunidade; resultaram do exame crítico de situações vividas, dentro de limites históricos. [Guerreiro Ramos, 1954:89]

Para tornar mais claro o que afirma, Guerreiro apresenta como exemplo a industrialização, que, para ele, é um conceito histórico e, portanto, sociológico

> Sobretudo nos países da periferia econômica a industrialização é um processo civilizatório, isto é, aquele mecanismo através do qual operam as mudanças quantitativas e qualitativas nas estruturas nacionais e regionais [...] A industrialização, entendida como processo de crescente elevação da

produtividade do trabalho, é uma libertação do homem dos determinismos cósmicos pelo domínio dos mesmos. [Guerreiro Ramos, 1954:93-96]

Para ele, a sociologia deve estar inserida na prática e seu método deve ser holístico

A sociologia é a ciência que pensa a totalidade histórica a partir do sujeito na prática. A coleta de dados não tem sentido se não for orientada pelo ponto de vista da totalidade, por um *a priori* que não é arbitrário, mas está objetivamente implicado, como princípio, na vida prática do sujeito cognoscente [...] A teoria global de uma sociedade é o requisito prévio para a compreensão de suas partes [...] Não há outro meio de conhecer a realidade social senão participando dela. [Guerreiro Ramos, 1960:82-84]

Guerreiro identifica isso no problema do negro, que só existiria quando ele é vivido como condição normal. Para ele,

Uma determinada condição humana é erigida à categoria de problema quando, entre outras coisas, não se coaduna com um ideal, um valor ou uma norma. Quem a avalia como um problema estima ou a avalia como anormal [...] Sou negro, identifico como meu o corpo em que está inserido, atribuo à sua cor a suscetibilidade de ser avaliada esteticamente, e considero minha condição étnica como um dos suportes do meu orgulho pessoal. [Guerreiro Ramos, 1954:148-157]

Já *A redução sociológica* (1958) é o título de um dos seus livros mais notáveis. A redução sociológica é o método que nos permite adaptar criticamente o conhecimento estrangeiro, ou nas palavras do próprio Guerreiro:

A redução sociológica é ditada não somente pelo imperativo de conhecer, mas também pela necessidade social de uma comunidade que, na realização de seu projeto de existência histórica, tem de servir-se da experiência de outras comunidades [...] É um procedimento crítico-assimilativo da experiência estrangeira. [Guerreiro Ramos, 1958:44-46]

O sociólogo crítico

Sua insatisfação estendia-se aos profissionais de gabinete que desconheciam a realidade "lá de fora" e aos intelectuais elitistas que pretensamente ostentavam um conhecimento inalcançável aos "indivíduos comuns". Era contra, portanto, o que ele chamava de "sociologia consular" e "sociologia enlatada". Em suas próprias palavras:

O sociólogo utilizava a produção sociológica estrangeira, de modo mecânico, servil, sem dar-se conta de seus pressupostos históricos originais, sacrificando seu senso crítico ao prestígio, que lhe granjeava exibir ao público leigo o conhecimento de conceitos e técnicas importadas. [Guerreiro Ramos, 1958:13-14]

Sociologia para ele não deveria ser ofício especializado adquirido por repetição, ou o que ele denominou de "ciência em hábito", mas antes a vocação deveria ser emanada pela "ciência em ato", uma sociologia capaz de despertar e promover a consciência nacional. Era elementar, portanto, reinterpretar a realidade brasileira, confrontando o que ele chamava de *transplantação*[2] de ideias ou de "sociologia importada" e descompromissada com o desenvolvimento e a autonomia do Brasil. Para Guerreiro Ramos a missão maior estava na

[...] reorganização social e política do País, apta a dar forma aos impulsos da nova sociedade que se constituiu. A tomada de consciência de que o povo é a novidade radical do Brasil na presente época constituiu requisito imprescindível, do ponto de vista teórico e prático. [Guerreiro Ramos, 1961:42-46]

Considerava que o intelectual da "ciência em ato" deveria preencher o oco na arena propositiva das ideias, deixada ao relevo por uma

---

2. A título de curiosidade, Caio Prado Junior também usou esse termo em 1942 na obra *Formação do Brasil contemporâneo*; e também posteriormente o grande educador Paulo Freire, em sua primeira obra, *Educação e atualidade brasileira*, de 1959.

classe "há duas décadas em processo de aposentadoria histórica", ou historicamente por uma "elite colonizada e estúpida". O intelectual não deveria ser orgânico a uma classe particular, mas sim assumir "a tarefa de organizar um Estado nacional, ou seja, de configurar politicamente o povo brasileiro". Guerreiro exortava a *intelligentsia* aos esforços capazes de garantir a consolidação da nação, e ao "exercício da tarefa pedagógica". Para ele, era essencial que os intelectuais tomassem e assumissem publicamente suas posições (Guerreiro Ramos, 1961:190). Isso porque

> Formou-se no Brasil uma concepção segundo a qual a vida da inteligência é incompatível com a política [...] ao contrário, num país como o Brasil, o intelectual que viva profundamente a ética da inteligência, reconhecerá que o seu magistério terá de ser deliberadamente, intencionalmente político. [Guerreiro Ramos, 1961:190]

Guerreiro afirma em certo momento que "a influência mais poderosa desde os anos 40 até hoje, em termos da minha profissão de homem de ciência, é Max Weber" (Oliveira apud Ramos, 1995a:144). Mas ao afirmar isso ele estava se referindo à teoria da burocracia, que teria forte impacto também em um dos autores deste artigo, não à teoria weberiana do patrimonialismo que até hoje é utilizada por muitos para assinalar o atraso brasileiro. Como Weber, Guerreiro fala em uma ética, mas a sua é a ética da inteligência, é a assimilação adaptativa e crítica, no seu estado mais puro, que ele chamou de "redução sociológica", ou seja, a assimilação crítica de contribuições teóricas de outros países. Nesse sentido, Guerreiro era um forte crítico da sociologia do seu tempo – a sociologia de Gilberto Freyre e de Sérgio Buarque de Holanda. Este, conforme demonstrou Jessé Souza (2015), inspirou toda uma ciência social liberal e dependente que faz a crítica liberal do Estado brasileiro, que seria dominado até hoje pelo "homem cordial", personalista e particularista. Guerreiro, como seus demais companheiros do Iseb, viu sempre o Estado como um instrumento da industrialização que estava então acontecendo no Brasil, e, portanto, da superação desse patrimonialismo.

Para Guerreiro Ramos, os intelectuais deveriam ter um papel dual: a) assumir o ofício pedagógico – balizado pela "redução sociológica" e contra a transplantação de ideias – tendo como missão maior o despertar de consciência da nação e a reorganização, em moldes nacionalistas, do Estado; e b) posicionar-se pública e atuar politicamente – guiados pela ética da responsabilidade – para que os princípios que defendam sejam, de fato, alcançados com sucesso. Era essa, pois, a "ética da inteligência" de Guerreiro, e para estar à altura das tarefas que os incumbiam, eram necessários aos intelectuais paixão, senso de proporções e responsabilidade para com seus objetivos e princípios, sendo essa, portanto, uma missão eminentemente política. Por sua vez, a "redução sociológica" de Guerreiro está harmonizada com os dizeres do próprio Weber (2007:122), que afirmou que a "ética da convicção e a ética da responsabilidade não se contrapõem, mas se completam e, em conjunto, formam o homem autêntico, isto é, um homem que pode aspirar à 'vocação política'".

O sociólogo do Iseb

Isso foi o que fez Guerreiro, a partir de 1949, quando ele conciliou suas atividades acadêmicas e no Dasp com uma militância como diretor do Instituto Nacional do Negro e do Teatro Experimental do Negro, liderado por uma notável figura, Abdias do Nascimento. Seu escopo de atuação era coordenar e atuar para a formação profissional e cultural dos negros e de pessoas pobres, e, por meio do teatro, criar um ambiente de grupo dinâmico que fosse conscientizador e psicoterapêutico para o negro dilacerado pelo racismo, no intuito de forjar "[...] uma elite (negra), uma espiritualidade e uma missão" (Guerreiro Ramos, 1950:50).

Em 1951, novamente por indicação de Rômulo de Almeida, Guerreiro Ramos passa a trabalhar diretamente na Casa Civil da Presidência da República, e alguns meses depois, já em 1952, passa a integrar o então denominado "Grupo de Itatiaia" junto com outros notáveis intelectuais da estatura de Ignácio Rangel, Hélio Jaguaribe, Álvaro Vieira Pinto, Roland Corbisier, Cândido Mendes de Almeida, Nelson Werneck Sodré e Hermes Lima. Esse grupo foi formalizado em 1953 como Instituto Brasileiro de Economia, Sociologia e Política (Ibesp), e passa a editar a revista *Cadernos do Nosso Tempo*, uma revista voltada para a tomada da autoconsciência histórica do Brasil, para discussões do subdesenvolvimento, estratégias de desenvolvimento, os dilemas e potenciais da industrialização, o alinhamento ou a independência do Brasil nas relações exteriores, o nacionalismo e a defesa dos interesses nacionais, a racionalização da gestão pública e reorganização do Estado, e para a reflexão dos legados de Getúlio Vargas.

Vale lembrar que esse grupo de intelectuais e, principalmente, Guerreiro, que era o sociólogo por excelência do grupo, com seus livros, *O processo da sociologia no Brasil* (Guereiro Ramos, 1953) e *Cartilha do aprendiz de sociólogo* (Guerreiro Ramos, 1954), buscaram resgatar nomes da intelectualidade brasileira que outrora haviam se comprometido com o nacionalismo e a construção da nação, tais como Oliveira Viana, Alberto Torres, Euclides da Cunha e Silvio Romero. Guerreiro revisitou esses autores e considerou que teriam realizado o que ele viria a chamar de "redução sociológica" e foram contra a "transplantação cultural", ao passo que outros teóricos não haviam sido capazes de uma incorporação crítica, como Mario Lins, Tristão de Ataíde e Tobias Barreto (Guerreiro Ramos, 1953:10-12).

No II Congresso Latino-Americano de Sociologia, que ocorreu em 1953, Guerreiro Ramos amplia suas críticas à "transplantação de ideias", à "sociologia enlatada e importada" e às correntes que ele chamou de "consulares" e "miméticas" do pensamento intelectual brasileiro, além de advogar favoravelmente para um afazer sociológico comprometido com os interesses da nação e com o desenvolvimento econômico. Pós Congresso, onde, aliás, foi severamente criticado por outros acadêmicos, desdobrou-se a sua *Cartilha*, uma crítica à sociologia transplantada e à histórica falta de redução sociológica das elites e boa parte da intelectualidade do país.

Sobre isso, Darcy Ribeiro comentou anos depois:

Fui amigo e até compadre de Guerreiro Ramos. Depois brigamos. Ele queria liberar todo pesquisador social de países atrasados como o nosso das prescrições metodológicas formais. Nós todos reagimos num Congresso de 52-53, no Rio, a que ele respondeu com a sua excelente Cartilha. Eu era, então, um etnólogo bisonho, metido com os índios, querendo estudá-los como fósseis vivos. Florestan queria ser Merton. Guerreiro tinha toda a razão de propor uma ciência social nossa, eficaz e socialmente responsável. Exacerbou, é claro, como todo pioneiro. Mas era, sem dúvida, o melhor de nós. [Ribeiro in Ramos, 1995c: contracapa]

Guerreiro queria que negros e pobres também pudessem ser sujeitos de direito e agentes ativos no desenvolvimento de políticas públicas nacionais, e não indivíduos encarados como peças museológicas e de dissecação sociológica, pois isso era algo que obstaculizava o "processo de evolução cultural das massas de cor" (Guerreiro Ramos, 1953:18-19).

Em 1955 o Ibesp se torna o Instituto Superior de Estudos Brasileiros (Iseb), que teria um papel na definição do projeto de nação e de desenvolvimento econômico então em curso. O Iseb foi um órgão do Estado, criado no âmbito do Ministério da Educação, com autonomia administrativa. Hélio Jaguaribe era o principal coordenador do grupo. Guerreiro estava no núcleo do Ibesp e depois do Iseb e, portanto, no centro do processo histórico desenvolvimentista da época, inicialmente no quadro do segundo período Vargas (1951-54) e, depois, no governo Juscelino Kubitschek (1956-61). O Iseb era o motor intelectual do nacional-desenvolvimentismo, de orientação popular, à época. Por esse mesmo motivo despertava frêmitos dos setores político-econômicos e intelectuais liberais, intrinsecamente conservadores. Entretanto, inconformado com o livro de Hélio Jaguaribe (1958), que assinalava de forma positiva a participação de empresas multinacionais na industrialização então em curso, Guerreiro Ramos abre uma crise no Iseb que leva Hélio Jaguaribe a sair do grupo em 1958, e o próprio Guerreiro, um ano depois.

Em 1960 Guerreiro começa sua breve vida política. Ele se filia ao PTB e passa a fazer parte do Diretório Nacional do partido. No ano seguinte, representando o Brasil, viaja para a China comunista de Mao Tsé-Tung e chega a ser recebido pelo líder revolucionário. De lá, foi para a capital da URSS, Moscou, onde participou de conferências. Na XVI Assembleia Geral da Organização das Nações Unidas (ONU), Guerreiro Ramos representou o Brasil como seu delegado e integrou também sua Comissão de Estudos Econômicos. Sua sinceridade aguçada continuou se expressando, como podemos ver em suas palavras:

> Eu me irritei muito com a China. Passei três meses lá, uma chatice, uma conversa puramente ideológica. Eu ia às bibliotecas e não via nem um Marx; eles só conhecem *O Capital*. Um primarismo! E a conversa na União Soviética, uma chatice! Os sujeitos não entendem de Brasil. Aliás, fui muito franco e disse: "vocês não entendem o Brasil". Escrevi uma série de artigos em que eu dizia que não me via como amigo profissional da URSS nem da China, mas era um sujeito que admirava certas coisas. Os comunistas ficaram danados comigo: chamaram-me de traidor, oportunista, etc. [Oliveira apud Guerreiro Ramos, 1995a:150-151]

Seguindo esse dinamismo condizente com o que ele chamou de ética da inteligência, em 1962 Guerreiro é lançado candidato a deputado federal pela aliança PTB/PSB no antigo estado da Guanabara, mas não foi eleito, ficando apenas com a segunda suplência. No entanto, em agosto de 1963, Guerreiro assume uma vaga na Câmara Federal depois que Leonel Brizola – que de 1959-62 havia sido governador do Rio Grande do Sul e o grande líder da Campanha da Legalidade de 1961 – pediu uma licença. Participou, então, da regulamentação da profissão de administrador, mas o que realmente marcou seu mandato foi a defesa do capital nacional, da tecnologia nacional e do trabalho. Foi um deputado muito ativo, como comprovam os discursos das mais de 70 vezes que subiu à tribuna e ensejou proposições. Entretanto, o Golpe Militar de 1964 encerrou sua participação na política institucional com a cassação do seu mandato.

Cassado duas vezes

A absurda cassação de seu mandato atingiu Guerreiro de maneira profunda. A partir de então, desiludido da política, ele se volta para a administração pública e para uma nova teoria das organizações. Sem reservas e sem proventos, Guerreiro encontrou refúgio na Fundação Getulio Vargas (FGV), que à época era presidida por Luiz Simões Lopes. Desempenhou, então, um papel de grande destaque acadêmico, aliando teoria, método e prática resultante de um conhecimento e de experiências interdisciplinares. Foi nessa época que produziu o livro *Administração e estratégia do desenvolvimento*, de 1966, em uma pesquisa apoiada pela Fundação Ford. Vale lembrar que o professor Guerreiro dizia para seus alunos que a "sociologia era a ciência dos oprimidos".

Constantemente pressionado pelo novo regime militar, Guerreiro procurou o exílio nos Estados Unidos em 1966 no intuito de garantir proteção para si e seus familiares. Iniciou em seguida uma brilhante carreira como professor de doutorado em administração pública na Universidade do Sul da Califórnia, além de também ter atuado como professor visitante em Yale e na Wesleyan University no início dos anos 1970. No entanto, magoado, não voltou a discutir as questões brasileiras. Foi nos Estados Unidos, entre 1966 e 1980, que sua teoria das organizações foi consolidada.

Por que Guerreiro não teria recebido o prestígio e o resgate que lhe seria devido? A resposta passa por sua postura combativa; desafiou a Igreja, o Iseb, partidos e lideranças políticas. Mas entre as muitas forças que ele desafiou encontrava-se o departamento de ciências sociais da USP, então liderado por Florestan Fernandes. Guerreiro defendia antes uma ação transformadora por parte da sociologia do que uma sociologia guiada por métodos que muitas vezes ele chamou de "consulares" e "elitistas". Enquanto Florestan defendia uma "sociologia científica", Guerreiro, uma "sociologia ensaísta". Para ele, a sociologia devia ser um instrumento do desenvolvimento nacional por meio de políticas públicas independentes e um Estado soberano e altivo. Nesse debate, a sociologia da USP foi vencedora, não obstante vários dos principais livros dos professores de sociologia dessa universidade terem caráter de ensaio, não de relatório de pesquisa. Guerreiro e seus colegas do Iseb foram vencidos porque foram rejeitados pela esquerda e pela academia. Porque essa esquerda e essa academia, derrotadas em 1964, se apoiaram na "teoria da dependência" que então surgia para encontrar o responsável interno pela derrota: o Iseb, que defendera a tese da revolução burguesa e nacional.

A teoria da dependência é geralmente identificada com a teoria do imperialismo na explicação do subdesenvolvimento, mas, na verdade, ela é crítica da teoria do imperialismo. Ela foi fundada por André Gunder Frank, em um trabalho de 1966, "O desenvolvimento do subdesenvolvimento". Ela surgiu em um momento propício, logo após o golpe militar de 1964 no Brasil – que se repetiria na Argentina (1967), no Uruguai (1968) e no Chile (1973), e tornou-se dominante na América Latina nos anos 1970 e 1980. Essa teoria, de origem marxista, criticava a teoria cepalina e isebiana que dava como uma das explicações para o subdesenvolvimento o imperialismo, que a Cepal definia utilizando um eufemismo (necessário para uma entidade que parte das Nações Unidas): a "relação conflito centro-periferia". Enquanto a tese isebiana via na ação do centro um obstáculo grave ao desenvolvimento econômico, apontava a associação da oligarquia agrário-exportadora e mercantil com o centro como o problema político interno, apostava no surgimento de uma burguesia nacional industrial para se associar aos trabalhadores e à burocracia pública para formar uma coalizão de classes desenvolvimentista, a teoria da dependência considerava toda a burguesia latino-americana inerentemente dependente, incapaz de agir como burguesia nacional. A partir desse pressuposto equivocado (na verdade, as elites latino-americanas são ambíguas ou contraditórias, em certos momentos agindo como burguesias nacionais, em outros, como burguesias dependentes), a teoria da dependência dividiu-se em dois ramos: uma defendendo a revolução socialista (André Gunder Frank, Ruy Mauro Marino, Francisco de Oliveira, Florestan Fernandes no final de sua vida) – uma solução coerente mas irrealista; a outra, que ficou denominada "teoria da dependência associada", defendendo a associação subordinada com o centro (Fernando Henrique Cardoso, Enzo Faletto). Foi esta segunda interpretação que acabou sendo a versão dominante, e se constituiu em uma causa básica da perda da ideia de nação dos intelectuais brasileiros nas décadas seguintes (Bresser-Pereira, 2010). Neste contexto, não apenas Guerreiro, mas os outros principais intelectuais do Iseb, que haviam defendido a tese da aliança das esquerdas com os empresários industriais, foram fortemente criticados e marginalizados. Por isso, é legítimo dizer que Guerreiro e seus companheiros nacionalistas foram duplamente cassados: primeiro pelos militares e depois pelos seus pares da teoria da dependência – uma teoria ressentida que, na busca dos responsáveis internos pela derrota de 1964, subestimou o papel do imperialismo e acabou ao centro se associando.

Após a Lei de Anistia de 1979, Guerreiro Ramos volta ao Brasil. Saiu como grande sociólogo e regressou como um nome vinculado à área da administração pública, mas não recebeu o prestígio entre seus pares nacionais que lhe era merecido. A despeito disso, torna-se professor nas universidades federais de Santa Catarina (UFSC) e do Paraná (UFPR), e publica *Teoria das organizações* e *A nova ciência das organizações*, em 1981.

O surgimento da consciência crítica

Para Guerreiro, um povo torna-se uma nação quando ele passa a ver o mundo a partir da sua realidade vivida, nacional. Quando o mercado interno gera em torno de si interesses suficientes para formar uma nação. "A personalidade histórica de um povo se constitui quando, graças a estímulos concretos, é levada à percepção dos fatores que a determinam, o que equivale à aquisição de consciência crítica" (Guerreiro Ramos, 1958:60-61).

Dialogando com Karl Schmidt, diz Guerreiro:

> Enquanto não se constituiu o mercado interno, o povo não foi propriamente sujeito do acontecer político, ao menos no sentido moderno ou nacional da expressão. A população brasileira descobriu o político a partir de sua integração no âmbito de interações surgido no país graças à formação do mercado interno. [Guerreiro Ramos, 1958:60]

Guerreiro também foi um intelectual crítico notável, aliando sua grande cultura a uma forte independência pessoal. Foi um crítico da sociologia dominante nos Estados Unidos na sua época – uma sociologia funcionalista cujo principal representante era Talcott Parsons. Foi crítico da sociologia transplantada ou "enlatada" que vinha dos Estados Unidos e da Europa. E foi também crítico do liberalismo católico e moralista que ele identificou com uma "*jeunesse dorée*", cujos principais representantes foram Jackson de Figueiredo e Afonso Arinos de Mello Franco (sobrinho).

Em *A redução sociológica* (Guerreiro Ramos, 1958:89-90), Guerreiro criticou a sociologia funcionalista que predominou no após-guerra, pois mesmo o "pleno desenvolvimento que atingiram os Estados Unidos não estimula a formação de uma sociologia dinâmica", e o próprio Wright Mills teria visto o "caráter acomodadiço dessa sociologia", sendo "a proliferação de estudos e pesquisa (apenas) uma forma de empregar mão de obra".

Por meio de seu método e da ideia de *dualidade básica*, foi um crítico da cultura brasileira. Todas as estruturas da sociedade "velha" seguram a emergência da nova, e baseado na teoria ou "lei da dualidade básica" de Ignácio Rangel (1953), Guerreiro analisou que o Brasil passava por fases ao se desenvolver, e que em cada fase "o capitalismo brasileiro, visto de fora, encontra-se em um grau de desenvolvido superior ao do desenvolvimento interno" (Guerreiro Ramos, 1960:89). Eis que o desenvolvimento nacional, a independência ante a metrópole, surge como solução.

Para ele, o grande problema do Brasil era cultural, e a dualidade resultava em: 1) uma cultura transplantada, heterônoma, caracterizada pelo fenômeno da imitação sem crítica; 2) uma cultura alienada, "sem comando de si própria", sem a "plasticidade" necessária às adaptações à realidade; 3) uma cultura amorfa, "sem pautas consistentes nas quais possa transcorrer o esforço coletivo em dada época e de geração a geração"; 4) uma cultura inautêntica (Guerreiro Ramos, 1960:94). Era uma cultura, "pautada por normas que não permitem a atualização de suas possibilidades", ou uma cultura onde, parafraseando Heidegger, "a existência é falsificada ou perdida em mera aparência".

Guerreiro foi um duro crítico da sociologia brasileira, mas, no entanto, reconheceu o valor de grandes antecessores, tais como Silvio Romero, Alberto Torres e Oliveira Viana, sendo a obra deste último "o máximo de objetividade que até agora os estudos sociológicos atingiram, entre nós" (Guerreiro Ramos, 1955:79). Destacadamente quando do II Congresso de Sociologia Latino-Americana que descrevemos anteriormente, Guerreiro ficou indignado com a rejeição que foi feita às suas teses nacionalistas, contrárias à "transplantação cultural". O resultado foi uma série de artigos no *Diário de Notícias* em 1953, e, no ano seguinte, o lançamento da sua *Cartilha brasileira do aprendiz de sociólogo*.

Para ele, a sociologia brasileira seria transplantada e inautêntica, uma verdadeira "sociologia enlatada", mero "subproduto abortício do pensamento sociológico europeu e americano", e a formação do sociólogo nacional ou latino-americano consistia, "via de regra, num adestramento para o conformismo, para a disponibilidade da inteligência em face das teorias". E, dialogando com as leituras de Karl Mannheim, afirmou que o sociólogo brasileiro era "gesticulante" e a sociologia dos países coloniais era "gesticulação vazia de significados". O gesticulante, prossegue Guerreiro, "satisfaz-se em fingir a ação que anela cometer, mas não comete realmente" (Guerreiro Ramos, 1954:18-22).

O nacionalismo de Guerreiro

Nacionalismo para Guerreiro Ramos era um "projeto de elevar uma comunidade à apropriação total de si mesma, isto é, torná-la o que a filosofia da existência chama um *ser para si*" (Guerreiro Ramos, 1957:29). Era também *ontológico*, pois "o nacionalismo, na atual fase da vida brasileira, se me permitem, é algo ontológico, é um verdadeiro processo, é um princípio que permeia a vida do povo, é, em suma, expressão da emergência do ser nacional" (Guerreiro Ramos, 1957:29).

Mas também era um fenômeno econômico, pois para Guerreiro, valendo-se de Alberto Torres, "a nação brasileira só poderia verificar--se, em toda a sua plenitude, com o surgimento de um capitalismo brasileiro", e quando, "em nossos dias, surge, no Brasil os componentes objetivos da nação, que faltavam até há bem pouco, o nacionalismo se tornará verdadeiramente um fato sociológico" (Guerreiro Ramos, 1957:56).

Ora, para Guerreiro, o nacionalismo era a ideologia que assinalava o advento do povo brasileiro, uma ideologia "dos povos que, na presente época, lutam por libertar-se da condição colonial", uma condição que, "aqueles que são já plenamente soberanos não carecem de fazer esta reivindicação. Proclamam-se soberanos". À nação brasileira, fundada em 1822, faltaria um elemento essencial: o povo. Sendo o povo um conjunto de pessoas "participantes de uma mesma tradição e afetados de uma mesma consciência coletiva de ideais e de fins [...] um conjunto de pessoas integrados em um mercado interno, seu substrato material" (Guerreiro Ramos, 1960:225-229).

No entanto, adverte Guerreiro, o Estado no Brasil precedeu a sociedade, "exercendo, enquanto esta não se forma, o papel de sujeito do acontecer histórico-social", e aponta que "não éramos uma nação, pois a nação não se configura historicamente sem a sua substância que é o povo" (Guerreiro Ramos, 1959:20-25). Para ele, o Brasil de Vargas em diante começou a se transformar. Escrevendo em 1959, Guerreiro afirmou que, "hoje, o povo começa a ser um ente político, maduro, portador de discernimento e vontade própria", assumindo "papel de principal ator político", lembrando que, no entanto, essa "nova classe dominante ainda não se tornou classe dirigente" (Guerreiro Ramos, 1959:20).

Guerreiro exorta a ação ativa e altiva do "poder nacional", sendo a representação desse poder o próprio Estado nacional. Segundo ele, a crise de 1929 e seus desdobramentos era "auspiciosa para nós", e descreve que "nenhum povo, alçado ao âmbito vestibular de sua revolução nacional, deixa de fazê-la, ainda que à custa dos mais ingentes sacrifícios", e soberania e "desenvolvimento econômico quer dizer ruptura dos antigos quadros de complementaridade e de dominação espoliativa de que se beneficiam grupos oligárquicos privilegiados" (Guerreiro Ramos, 1961:37). Ao Estado ou ao "poder nacional" estariam reservados importantes objetivos fundamentais:

internamente, constituir-se como suprema instância normativa, hábil para encaminhar o processo emancipatório do país, defendo-o das forças que o ameaçam; e externamente, tornar-se garantia de uma política externa que tire legitimamente o melhor partido dos acontecimentos mundiais. [Guerreiro Ramos, 1961:57]

O povo e os tipos históricos de política

A ideia de pactos ou coalizões políticas, desenvolvimentistas ou liberais, progressistas ou conservadoras, também é uma ideia presente para Guerreiro. Para ele, "todo poder se concretiza em termos antagônicos [...] em cada momento da sociedade há uma combinação de forças, um pacto entre diferentes grupos ou categorias sociais" (Guerreiro Ramos, 1961:23). Nesse bojo, a vitória de Jânio Quadros em 1960 representava a própria crise do "poder nacional", representava a derrota do "nacional-desenvolvimentismo" varguista.

Sua leitura sociológica passava pela interação dos pactos políticos com ciclos de mudanças estruturais. E por uma reinterpretação da história brasileira. Diz Guerreiro: "De 1822 a 1930 somente os proprietários rurais, os altos comerciantes ou seus delegados tinham lugar [...] pode-se tomar 1870 como o ano em que a classe média – (aí inclusos os novos industriais) – inicia sua trajetória política" (Guerreiro Ramos, 1961:24). A Revolução de 1930 muda tudo; ela "encerrou um ciclo de nossa evolução política e abriu outro, isto é, encerrou o ciclo da constitucionalização do Estado e abriu o ciclo de lutas políticas pela estruturação política dos interesses das classes sociais no Brasil [...] deu à classe média um lugar na esfera de decisão do país" (Guerreiro Ramos, 1961:28).

A vitória de Jânio (1960), depois da de Getúlio Vargas (1950) e da de Juscelino (1955), abriria o terceiro capítulo da mudança da estrutura social brasileira. As três "indicam o advento do povo como entidade política" (Guerreiro Ramos, 1961:34). Jânio seria uma nova tentativa de bonapartismo, mas "as contradições entre o setor tradicional e o de vanguarda chegaram hoje a tal agudeza que não é possível o bonapartismo, ou seja, não é possível um governo neutro, acima das classes sociais" (Guerreiro Ramos, 1961:40).

Para Guerreiro Ramos, haveria cinco tipos históricos de política: 1) a política de clã, familismo e compadrismo; 2) a política de oligarquia, patrimonialista; 3) a política populista, que apela para a solidariedade social; 4) a política dos grupos de pressão, fenômeno contemporâneo; e 5) a política do tipo ideológica, sendo a "ideologia a justificação do interesse" (Guerreiro Ramos, 1961:62), e "a exigência fundamental da atual fase do Brasil [...] que supõe um povo eleitoralmente livre" (Guerreiro Ramos, 1961:60). Guerreiro estava otimista, pois arguia que "hoje o povo brasileiro está historicamente constituído e maduro. A nação brasileira está historicamente constituída e madura" (Guerreiro Ramos, 1961:66).

Em 1963, Guerreiro escreve *Mito e verdade da revolução brasileira*. Nesse trabalho procurou "transmitir experiência de estarrecimento ante o insólito fato de se ter constituído no Brasil uma 'esquerda' contrarrevolucionária, cujo suporte é a metafísica da revolução", e argui que "a partir de 1958 o Iseb tornou-se uma agência eleitoreira, e ultimamente uma escola de marxismo-leninismo" (Guerreiro Ramos, 1961:15). Era, portanto, uma crítica aos que eram pró-marechal Henrique Teixeira Lott, grande líder do Movimento 11 de Novembro que garantiu a posse de Juscelino Kubitschek e que seria candidato a presidente em 1960 – derrotado por Jânio Quadros.

Guerreiro também escreveu que

na cátedra de sociologia do Ibesp e do Iseb nunca deixei de manifestar minha insatisfação com respeito ao marxismo, cujos resíduos positivistas e dogmáticos procurava demonstrar perante os que frequentavam meus cursos. Também nunca ocultei que considerava o PCB organização alienada [...] caí em desgraça nos meios pecebistas. [Guerreiro Ramos, 1961:10]

Foi um livro, podemos dizer, de um tempo de crise, de uma conjuntura de crise econômica e política. Guerreiro se demonstrava indignado com o marxismo-leninismo que denominou como "uma chantagem com força de filosofia" (Guerreiro Ramos, 1963:14), sendo esse livro uma crítica a esse marxismo, bem como uma crítica da organização, embora não tenha tido condições de associá-la ao estatismo soviético.

Ao escrever o livro – depois de ter assumido a vaga de deputado federal deixada livre por Leonel Brizola, em 1963 –, Guerreiro já não estava mais otimista. O ambiente político e as preocupações com o destino nacional causaram uma inflexão em seu otimismo. Por sua vez, nesse livro Guerreiro também ensaia sua proposta do "homem parentético", que seria "capaz de se ajustar ativamente à sociedade e ao universo". O homem universal, continua, "é o homem parentético, portador por excelência da 'vontade refletida'". É o homem dotado de "pensamento planificado"[3] e de "imaginação sociológica".

Desilusão e reconhecimento

Cassado em 1964 e exilado nos EUA, desenvolveu uma nova teoria das organizações. Vale dizer que já em sua obra de 1963, ao formular que a "organização é o segredo da servidão humana [...]" e "o existencialismo é a filosofia da resistência à organização", Guerreiro já indicava suas preocupações com uma teoria normativa da sociedade e da organização. A despeito dos seus avanços intelectuais e teóricos, seu regresso ao Brasil em 1979 depois da Lei da Anistia não teve as pompas que imaginou e que, de fato, lhe seria merecido. Isso impactou Guerreiro, dando-lhe certo amargor, inconformismo, e postura crítica bastante intensa.

Sua entrevista a Lucia Lippi de Oliveira e Alzira de Abreu, em 1981, capturou um pouco da trajetória e estado de espírito de Guerreiro Ramos. Se via "como um homem que não tem queixas da vida", e que "não pertenço a instituições, não tenho fidelidade às coisas sociais" (Oliveira apud Guerreiro Ramos, 1995a:133). Descreveu suas batalhas: "eu desafiei a Igreja, desafiei o Iseb, desafiei o PCB e o PTB" (Oliveira apud Guerreiro Ramos, 1995a:160). Mostrava seu ceticismo e inconformismo – particularmente com a Escola de Sociologia de

---

3. Vemos aí a influência de Mannheim.

São Paulo – ao dizer que "a ciência é um blefe para mim, uma falácia, exceto Max Weber". Seu inconformismo se consubstanciava em uma profunda confiança na qualidade e abrangência de sua obra: "quando leio meus livros, sobretudo os livros sobre o Brasil, é uma coisa de uma intuição, de uma lucidez, puta que o pariu [...] Eu me vejo como o maior sociólogo brasileiro" (Oliveira apud Guerreiro Ramos, 1995a:160). Mas nenhum livro seu se compararia com "o Problema Nacional Brasileiro de Alberto Torres, um livro redondo, completo" (Oliveira apud Guerreiro Ramos, 1995a:163).

Possuía clareza na correlação de seu estado de espírito com a falta de reconhecimento entre seus pares, e dizia "eu sou uma pessoa frustrada [...] não tenho o reconhecimento que mereço no Brasil" (Oliveira apud Guerreiro Ramos, 1995a:166-167).

Já nessa altura, sua leitura da realidade brasileira era pessimista: "No Brasil as pessoas comem errado, vivem errado, amam errado [...] Nós estamos dominados pela desordem" (Guerreiro Ramos, 1995a:178-179), e estava descrente também com a política brasileira e sua elite intelectual: "não há perspectiva, ninguém sabe nada do Brasil [...] só tem picareta na política brasileira. É o país da picaretagem" (Oliveira apud Guerreiro Ramos, 1995a:181-182).

O grande brasileiro

Isso é uma fotografia que aponta que Guerreiro estava desiludido, que estava triste. Mas afinal, o Guerreiro havia sido derrotado? Sim e não! Ele foi vencido, porque expulso da vida política e porque foi discriminado entre os intelectuais da teoria da dependência; ele foi vitorioso porque suas ideias continuaram a inspirar o desenvolvimento econômico brasileiro, e porque, hoje, o interesse por sua obra e, mais amplamente, a contribuição do Iseb é crescente. Apesar de em alguns momentos expressar ressentimentos e decepções internas, a vida e obra de Alberto Guerreiro Ramos foi condizente com uma frase que lhe era recorrente nos tempos de exílio e depois do seu regresso: "sou um sujeito que penso no Brasil 24 horas por dia". Sua vida e obra merecem ser devidamente resgatadas e debatidas à luz dos acontecimentos atuais. Passados quase 34 anos de sua morte, o Brasil ainda é marcado por dilemas de meio século atrás, ainda carente de uma sociologia nacionalista capaz de contribuir para uma estratégia nacional de desenvolvimento que nos faça superar a histórica encruzilhada entre dependência, crise e desenvolvimento.

REFERÊNCIAS

BRESSER-PEREIRA L. C. As três interpretações da dependência. *Perspectivas – Revista de Ciências Sociais*, v. 38, p. 17-48, jul./dez. 2010.

CAVALCANTI, B.; DUZERT, Y.; MARQUES, E. *Guerreiro Ramos*: coletânea de depoimentos. Rio de Janeiro: Editora FGV, 2014.

FRANK, A. G. The development of underdevelopment. *Monthly Review*, v. 18, n. 4, p. 17-31, 1966. [Disponível na internet em várias línguas.]

GUERREIRO RAMOS, A. *A crise do poder no Brasil*. Rio de Janeiro: Zahar, 1961.

_____. A problemática da realidade brasileira. In: _____ et al. *Introdução aos problemas brasileiros*. Rio de Janeiro: Instituto Superior de Estudos Brasileiros (Iseb), 1956.

_____. *A redução sociológica*. Rio de Janeiro: Instituto Superior de Estudos Brasileiros (Iseb), 1958.

_____. Administração e política à luz da sociologia. *Revista do Serviço Público*, Brasília, v. 63, n. 1, p. 99-110, jan./mar. 2012. [Originalmente publicado em 1946.]

_____. *Cartilha brasileira do aprendiz de sociólogo*. Rio de Janeiro: Andes, 1954.

_____. *Condições sociais do poder nacional*. Rio de Janeiro: Instituto Superior de Estudos Brasileiros (Iseb), 1957.

_____. Entrevista a Lúcia Lippi Oliveira e Alzira Alves Abreu. In: OLIVEIRA, L. L. *A sociologia do Guerreiro*. Rio de Janeiro: Editora UFRJ, 1995a. p. 131-183.

_____. Esforços de teorização da realidade nacional politicamente orientados, de 1870 aos nossos dias. In: BRIGAGÃO, C. (Org.). *Introdução crítica à sociologia brasileira*. Rio de Janeiro: Editora UFRJ, 1995b. p. 81-100. [Conferência originalmente proferida no I Congresso Brasileiro de Sociologia, Faculdade de Filosofia da USP, 21 a 27 de junho de 1955]

_____. *Mito e verdade sobre a revolução brasileira*. Rio de Janeiro: Zahar, 1963.

_____. Nacionalismo e xenofobia. In: _____. *Introdução crítica à sociologia brasileira*. Rio de Janeiro: Andes, 1957. [Reproduzido em BRIGAGÃO? C. (Org.). *Introdução crítica à sociologia brasileira*. Rio de Janeiro: Editora UFRJ, 1995. p. 81-100. Originalmente publicado em 1957.]

____. *O problema nacional do Brasil* (ensaios de 1955 a 1959), Rio de Janeiro: Saga, 1960.

____. *O processo da sociologia no Brasil*. Rio de Janeiro: Quilombo, 1953.

JAGUARIBE, H. *O nacionalismo na atualidade brasileira*. Rio de Janeiro: Instituto Superior de Estudos Brasileiros (Iseb), 1958.

SOUZA, J. *A tolice da inteligência brasileira*. São Paulo: Leya, 2015.

WEBER, M. *Ciência e política*: duas vocações. São Paulo: Martin Claret, 2007.

PARTE I

Sociologia, periferia e teoria pós-colonial

Guerreiro Ramos e *O drama de ser dois*

ARISTON AZEVEDO[*]
RENATA OVENHAUSEN ALBERNAZ[**]

Ao professor José Francisco Salm,
com quem muito aprendemos sobre Guerreiro Ramos.

I.

Neste ano (2015) em que se comemora o centenário de nascimento do sociólogo Alberto Guerreiro Ramos, gostaríamos de lhe render homenagem trazendo a público sua vertente poética. Faremos isso regressando a 1937, ano em que, aos seus 22 anos de idade, publicou seu primeiro e único livro de poesias, intitulado *O drama de ser dois*. Há raríssimos exemplares disponíveis e acessíveis ao grande público e somente aqueles que possuem maior conhecimento de sua trajetória intelectual sabem de sua existência e tiveram a oportunidade de lê-lo. Na verdade, essa sua incursão pela poesia e crítica literária pouquíssimo tem sido analisada, embora seja fundamental para esclarecer suas próprias posições teóricas e práticas como grande sociólogo que foi.

Gerardo Mourão, João Eurico Matta e Raúl Antelo figuram entre esses raríssimos analistas do pensamento do sociólogo baiano que consideraram seus escritos poéticos e crítico-literários.[1] Raúl Antelo escreveu no contexto de confecção de sua tese de doutoramento,

---

[*] Doutor em sociologia política pela Universidade Federal de Santa Catarina (UFSC). Professor adjunto na Universidade Federal do Rio Grande do Sul (UFRGS).
[**] Doutora em direito pela Universidade Federal de Santa Catarina (UFSC). Professora adjunta na Universidade Federal do Rio Grande do Sul (UFRGS).
1. Precisamente no campo sociológico, o pioneirismo analítico se deve a Lúcia Lippi Oliveira com seu clássico livro *A sociologia do Guerreiro (1995)*.

findada em 1981; Gerardo Mourão e Eurico Matta, em 1982, ano em que Guerreiro Ramos faleceu, nos Estados Unidos, vítima de câncer, no dia 7 de abril. Embora Antelo não tenha se detido ao exame específico daquele pequeno livro de poesias, mas a poesias e outros escritos que Guerreiro Ramos havia publicado entre o final dos anos de 1930 e início dos anos de 1940, nas revistas *A Ordem, Cadernos da Hora Presente* e *Cultura Política*, sua percepção é acertada: tomando por base um "conceito transcendente de poesia", já que para o jovem escritor baiano o poeta é um anjo, seu "sentido da poesia é sempre o de uma *falta* (do paraíso perdido) que produz angústia, inquietude, nostalgia" (Antelo, 1984:24). Posteriormente, ao regressar às poesias de Guerreiro Ramos fora do contexto de sua tese doutoral, Antero complementa aquela primeira análise, quando afirma que o jovem poeta baiano estava acometido de um "profundo desengano" e "dilaceramento", porque sentia o triunfo social do indivíduo sobre a pessoa humana, em outras palavras, sentia que o homem moderno havia entrado em um estado de corrosão de sua personalidade ao abandonar a dimensão espiritual que lhe é própria (Antelo, 2015:4). Aliás, vale frisar que contra essa investida feroz do indivíduo sobre a pessoa humana, o que, no fundo, implicava a supressão do transcendente pelo imanente, Guerreiro Ramos ergueu sua resistência e sua revolta, cujos principais reflexos podem ser encontrados até mesmo em seu último livro escrito em vida, *The new science of organizations*, de 1981, publicado simultaneamente em inglês e português.

Gerardo Mourão, que foi amigo pessoal de Guerreiro Ramos, considerava *O drama de ser dois* um texto "estranhamente situado entre Rilke e Maiakowski", e representante fiel da existência emblemática de seu autor, pois revelava um estado de ser que lhe era tão próprio e de tal modo persistente, que mesmo sua obra sociológica posterior parece ter sido desenvolvida como uma "glosa desse mote poético original" (Mourão, 1983:161). Nessa mesma linha interpretativa segue Eurico Matta quando diz que naquele pequeno livro podem ser encontradas algumas características que também estão presentes nos demais textos guerreirianos. Uma delas é a dialeticidade, espécie de tensão existencial resultante da percepção e vivência de sentimentos opostos e interafetados que deságua na narração poética de uma forma de vida dramática (Matta, 1983). Este, sem sombra de dúvidas, nos parece ser o ponto fulcral: o livro de 1937 é uma confissão, em forma poética, da trágica peregrinação íntima do jovem escritor para descobrir, em si, a presença divina. Nele está expressa a existência de um sujeito que se percebe e sente dramática e dialeticamente tensionado por fortes sentimentos contraditórios, frutos da experimentação intensa das possibilidades de sua humanidade, e que, de modo sintético, pode ser vislumbrada por intermédio do sentimento dual de pertencer, a um só tempo, ao Reino de Deus e ao Reino de César, ao que lhe é transcendente e ao que lhe é imanente.

Sentir essas dualidades lhe provocava intensas tensões, que foram narradas em poesias de profunda tonalidade religiosa e metafísica. Fundamental para a expressão de seu desconforto com o mundo secular foi a figura de Nicolas Berdyaev (ou Berdiaeff), filósofo e teólogo russo que se dedicou às temáticas da liberdade e do ato criador, entre outras, e cujo pensamento possui um caráter marcadamente existencial e personalista, erigido a partir da crença de que há uma união misteriosa entre Deus e Homem, que tem na figura de Cristo sua maior manifestação.[2] A ele *O drama de ser dois* foi dedicado, com a seguinte epígrafe: "a Nicolas Berdiaeff, através de cujas obras eu cheguei ao Cristo e a todos os homens que se procuram". A propósito, a influência de Berdyaev em Guerreiro Ramos é digna de nota. Em 1981, o próprio sociólogo, durante entrevista concedida ao Centro de Pesquisa e Documentação de História Contemporânea do Brasil (CPDOC), externou o fato ao afirmar que, de todos os autores com os quais ele mantinha afinidades intelectuais no final dos anos 1930 e início dos anos 1940, somente a figura de Nicolas Berdyaev, o filósofo da existência, permaneceu. Em suas próprias palavras: ele foi "uma grande influência [...], uma influência irrestrita. [...] eu encontrei

---

2. Há textos bem esclarecedores e introdutórios sobre a filosofia de Nicolas Berdyaev, entre os quais: Vallon (1960), Seaver (1950), O'Sullivan (1998), McLachlan (1992), Davy (1967) e Clarke (1950).

aquele homem numa idade imatura, e ele me educou; fico cada vez mais encantado, nunca cessou" (Ramos, 1985:18).

Sabemos que uma cópia d'*O drama de ser dois* chegou às mãos de Nicolas Berdyaev via Jacques Maritain, com quem Guerreiro Ramos teve um encontro rápido, em Salvador, no final de 1936. Posteriormente, o filósofo russo lhe remeteu uma carta, onde agradecia pelo envio do livro e também lhe pedia sinceras desculpas pela falta de domínio da língua portuguesa. No mesmo envelope veio uma foto autografada, como demonstração de seu apreço pelo jovem escritor baiano.

II.

Como se estivesse atendendo aos conselhos de Rainer Maria Rilke (2001) em *Cartas a um jovem poeta*, os poemas que compõem *O drama de ser dois* denunciam que Guerreiro Ramos havia abandonado os motivos gerais e fúteis para se voltar ao interior de sua própria existência cotidiana, para perscrutar as profundidades de onde brota a vida e incorporar, assim, o que mais tarde apareceria verbalizado em um texto seu: a poesia radica suas raízes nos "confins do homem", e é exatamente até lá que o verdadeiro poeta tem que ir, caso queira manter-se fiel a si mesmo; caso queira, de fato, marcar com sua personalidade os versos que escreve (Ramos, 1939b:89). Em consonância com esse ordenamento de inspiração rilkeana, Guerreiro Ramos defendia a opinião de que os verdadeiros poetas o são porque "escrevem por uma fidelidade a si mesmos"; o são porque, ao escreverem, realizam-se; o são porque, ao poetizarem, "libertam-se de uma experiência" (Ramos, 1939b:96-97). Em uma sentença: os versos são experiências que resultam das andanças pessoais que o poeta faz dentro de si (Ramos, 1939b:96-97).

Em *O drama de ser dois*, é a concretização dessa ideia que se percebe. O livro é composto pelos seguintes poemas: "O canto da rebeldia", "Lamentações", "O canto da alegria triste", "O canto da noite", "Poema da creança que não poude ser", "A luta contra o anjo", "A voz dos cabarets", "Nostalgia angélica", "Menino macambúzio", "Poema das seis horas da tarde", "Nostalgia da esperada" e "O poeta e o mundo".[3] Ali estão expressas as principais questões existenciais e sentimentais vivenciadas pelo autor à época, tais como: rejeição ao mundo moderno e ateu; constrangimentos e incompreensões sociais devido à sua crença em Deus; a solidão; o sofrimento; o sentimento de ser dois; a luta em seu íntimo travada entre o bem e o mal, Deus e o diabo; a procura em si por um eu original, não socializado, único e inconfundível, feito à imagem e semelhança de Deus – esse eu que seria um autêntico Cristo; a experimentação da tristeza do mundo; o amor e o verdadeiro encontro com o outro; e, ainda, o poeta, a poesia e o sentido da vida.

Se do ponto de vista poético a presença de Rilke possuía grande valor para Guerreiro Ramos, o fato, como destacamos anteriormente, é que o livro espelha a filosofia trágica berdyaeviana e todos os contornos que perpassam sua noção de personalidade ou pessoa humana. A narração e os enredos empregados ali deixam transparecer a dor, o sofrimento, a solidão, o amor, o mal, a liberdade, o encontro com Deus, entre outros elementos que caracterizam sua trajetória existencial, enquanto um peregrino espiritual no seio do Absoluto e da divindade. Segundo pensava o nosso poeta, seria somente por essa via, quer dizer, pela espiritualização – e essa é a mensagem de Berdyaev que tão grandemente soube captar esse baiano de Santo Amaro da Purificação – que o homem conseguiria realizar-se como personalidade.

Quando de seu lançamento, O drama de ser dois obteve boa avaliação por parte de alguns críticos, a ponto mesmo de Guerreiro Ramos estampar na parte final de seu segundo livro publicado, Introdução à cultura (Guerreiro Ramos, 1939a), trechos das críticas literárias que considerou mais representativas do significado real de seus poemas. No geral, os críticos teceram grandes elogios ao livro e ao autor, e alguns deles, inclusive, assinalaram que o jovem poeta Guerreiro Ramos estaria predestinado a figurar no panteão literário brasileiro. Como sabemos, tal fato não ocorreu, pois, aproximadamente 10 anos depois da

---

3. Alguns desses poemas já haviam sido publicados anteriormente na revista A Ordem, como no caso de "O canto da rebeldia" e "Lamentações", que aparece na revista como "Lamentações de um místico".

publicação desse primeiro livro, Guerreiro Ramos já não mais perseguia seu ideal de tornar-se um poeta reconhecido. Não sabemos ao certo o motivo ou os motivos que o levaram a desistir. Gerardo Mourão, por exemplo, quando indagado sobre o que teria levado Guerreiro Ramos a desistir da aspiração de ser poeta, afirmou que, certo dia, quando conversavam no Café Gaúcho,[4] o então recém-formado em ciências sociais lhe disse: "esse negócio de viver de poesia não leva a nada [...] vou botar o pé no chão..." (Mourão, 2004). Pizza Júnior, que foi seu ex-aluno e assistente na Fundação Getulio Vargas (FGV) durante os anos de 1963 a 1965, sugere um motivo para o fato. Segundo ele, Guerreiro Ramos migrou para as ciências sociais em razão do fato de não ter conseguido alcançar a forma poética que almejava (Pizza Jr., 2004). Supõe Pizza Jr., então, que, devido a essa decepção, ele teria percebido, corretamente, em sua opinião, que, em matéria de poesia, "seria mais um". Mas apesar de ter desistido de seguir a carreira de poeta, nosso autor considerava-se, a seu modo, "poeta", tal como depreendemos do teor de uma carta enviada a um amigo e ex-aluno, no final dos anos 1960, quando então já estava exilado nos Estados Unidos:

> [...] eu também tenho sido poeta, e não tenho sido outra coisa na vida. Sou um incorrigível poeta, em todos os sentidos da palavra, inclusive no sentido vulgar, isto é, o cara que não dá bola para a sensatez, para as razões de Sancho Pança. Sou um Quixote, e Deus me guarde assim. Apaixono-me facilmente e levo as minhas paixões ocasionais e permanentes às últimas consequências, notadamente a minha grande paixão pela vida. [Leite, 1983:111]

Mas ainda que tenha desistido de ser poeta, vejamos aqui algumas das passagens elogiosas que seu livro de poesias recebeu à época de sua publicação:

1. "Guerreiro Ramos [...] deve ser apontado como um dos grandes poetas do Brasil", publicou o jornal carioca *O Povo*, em sua edição de 9/12/1937;

---

4. Bar carioca onde se reuniam com frequência os integralistas nos anos 1930.

Guerreiro Ramos e *O drama de ser dois* 61

2. "O Sr. Guerreiro Ramos é um nome a guardar nesse movimento regenerador e forte de nossa poesia", escreveu Oscar Mendes em sua coluna no jornal mineiro *O Diário*;

3. "Não temos dúvida em saudar, no Sr. Guerreiro, um novo e incontestável valor entre os jovens cristãos que se afirmam", publicou um periódico de Recife.

No contexto desses comentários críticos, dignas de nota são as análises que fizeram Tasso da Silveira e Nicanor Carvalho. Ambos perceberam os principais estados sentimentais que os poemas guerreirianos traziam à tona. Arriscamo-nos, inclusive, a dizer que eles chegaram a capturar a essência mesma do drama existencial do autor. Tecendo comentários sobre o livro, Tasso da Silveira observou que nele encontravam-se "poemas de sentido religioso", originados da vivência de "uma profunda crise de alma", de uma "tremenda luta íntima" para chegar a Deus (Silveira, 1938). Para Silveira, Guerreiro Ramos era da estirpe dos libertários. Embora partisse do "tédio", de um sentimento de infinita insignificação da vida, de uma crise existencial, nem de longe guardava semelhança com os "entediados", que "trazem um vazio absoluto no espírito" (Silveira, 1938).

Seria essa "crise de alma" um momento pessoal exclusivo de Guerreiro Ramos? Na visão de Nicanor de Carvalho, não. O que fez Guerreiro Ramos, na opinião do comentarista, foi capturar a "imensa tragédia interior" que estava a acometer a geração de moços brasileiros que vinha surgindo (Carvalho, 1938). Tratava-se de uma "tragédia obscura", quase imperceptível à maioria das pessoas, "não obstante a sua expressão rigorosamente humana", mas Guerreiro Ramos, experienciando-a de modo muito particular, capturou tal obscuridade trágica que rondava sua geração, expressando-a de forma poética e pessoal (Carvalho, 1938). A propósito, na opinião de Carvalho, o título do livro já seria uma expressão sintética e muito adequada daquele estado de inquietação trágica que os jovens contemporâneos de Guerreiro Ramos vivenciavam. Esses jovens representavam um característico tipo de indivíduo, marcadamente um ser torturado pela angústia de viver entre extremos, pois solicitado impiedosamente pelas cousas terrenas e tendo a voz de Deus no interior da consciência, o indivíduo se sente bipartido, com uma espécie de dupla personalidade, passando a ser verdadeiramente dois homens, a ponto de se realizar entre ambos um torneio dialético onde não faltam os argumentos destinados a conhecer a parte adversa. [Carvalho, 1938]

Quem quer que estivesse exposto à vivência dessa dualidade, experimentava uma imensa dúvida, "em que as duas noções se confundem como uma região fronteiriça não demarcada, de sorte que a consciência hesita e experimenta as mais contraditórias impressões", pois que se depara com dúvidas terríveis, ante a explosão de "escrúpulos inquietantes" (Carvalho, 1938).

É preciso que se diga, uma vez mais, que *O drama de ser dois* representa o relato do processo de personalização de Guerreiro Ramos, no sentido em que nele notamos a confissão poética da perambulação do autor por suas profundezas, onde encontrou a si mesmo e experienciou a presença da pessoa de Deus. Dessa andança por dentro, um novo homem nasceu dentro dele, e o anúncio desse nascimento se fez no poema que abre o livro, "O canto da rebeldia", onde fica patente o festejo pelo vislumbre de uma nova vida e de um novo homem, revelados após sua identificação com a ordem divina. Nessa sua festividade percebemos o quanto é forte o ecoar das palavras de Berdyaev, principalmente quando este afirma que "Cristo está no fim, na profundeza do homem" (Berdaieff, s.d.:37), de modo que é somente pela exploração do mistério de suas próprias profundezas que o homem consegue atingir a Deus; que encontra sentido para sua vida e renasce, readquirindo a crença em si mesmo.

No entanto, antes mesmo que esse renascimento ganhasse sua expressão poética em *O drama de ser dois*, sua notícia veio a público no texto "Minha vida começou hontem", publicado em um jornal local de Salvador (Ramos, 1936b). Tendo como pano de fundo o livro *Ma vie commencé hier*, de Stephen Foot, naquele texto o jovem poeta expressou seu novo nascimento, sua conversão a Deus, a conquista da liberdade, a vitória sobre o egoísmo e a objetivação, sobre suas oposições, medos e solidão, tudo isso depois de uma torturante experiência pessoal ensejada pelo estado de inquietude que o acometia:

> Minha vida – e este é o cântico do "homem novo" – começou hontem porque hontem a vida começou a ter para mim uma significação mais profunda, porque hontem Deus a illuminou com a luz da graça, revelando--me a sua presença em minha alma. Minha vida começou hontem porque hontem eu achei "uma nova liberdade, uma nova Victoria, uma nova alegria, um novo poder, uma nova paz, porque hontem Deus tornou todas as cousas novas para mim", porque hontem eu comecei a aprender a esquecer--me a mim mesmo, a amar os meus inimigos, porque só hontem eu me abandonei inteiramente a Deus, porque hontem eu vi que era uma creatura pedante e mesquinha, porque só hontem eu conheci a minha miséria. Minha vida começou hontem e a de todos os homens podem começar hoje mesmo, agora assim queira cada homem "escutar". [Ramos, 1936B]

No poema "O canto de rebeldia" é essa mesma notícia que notamos: um novo homem nasceu e pleiteia a "plenitude da vida, que é a vida em Deus". Para nascer, foi necessário quebrar "os grilhões" que o estavam escravizando a uma vida social ordinária e medíocre, ou, para usarmos os termos berdyaevianos, a uma vida objetivada e sem sentido: sem a ruptura com tudo aquilo que escraviza, o alcance da originalidade, da condição de homem livre, de uma consciência livre, tudo isso seria impossível. Esta era a mesma opinião de Berdyaev (1946), para quem a libertação da escravidão seria um passo fundamental, condição *sine qua non* para que homens e mulheres pudessem encontrar suas respectivas originalidades, o eu primário, a fim de conquistar a liberdade e, deste modo, chegar a Deus. Era exatamente isso que Guerreiro Ramos tanto almejava, conforme podemos notar no poema "A luta contra o anjo":

> Eu não sou verdadeiro.
> No fim de todos os meus atos
> Vou encontrar a expressão
> De um outro eu

Que não sou eu mesmo.
Eu sem o que li,
Sem o que aprendi,
Sem o que herdei dos meus pais,
Suprapersonal,
Supraterreno,
Esse eu, original,
Único,
Inconfundível,
Que é a imagem de Deus, em mim,

....

Esse eu que me faz sentir-me
Um Cristo autêntico,
Eu quero achá-lo,
Quero vivê-lo.
Oh! Impossibilidade de ser um alguém!
Oh! Impossibilidade de viver o Cristo!

....

Apresentando-se como um novo homem, Guerreiro Ramos admite que sente pulsar em si diversas contradições. Latentes nele encontravam-se os sentimentos de rebeldia e o de docilidade ("O canto da rebeldia"); com a necessidade aguda de solidão para poder acessar em si o eu original convivia o desejo angustiante de encontrar uma mulher para que com ela pudesse ser um "nós" indissolúvel e solidário ("Nostalgia da esperada"); em suas profundezas sentia o duelo que entre si travavam o céu e o inferno, Deus e Demônio, o bem e o mal ("O canto da alegria triste"); enquanto a noite lhe fazia sentir fortemente a presença de Deus, o dia o faz trabalhar contra Deus, ser extremamente egoísta ("O canto da noite"). Essas são algumas das contradições que Guerreiro Ramos utilizou para poder definir o seu drama pessoal de ser dois.

A rebeldia e a revolta eram as formas de conduta desse novo homem no mundo. Assim, segundo nosso jovem poeta, somente um comportamento revolucionário poderia combater e negar a permanência e a

Guerreiro Ramos e *O drama de ser dois*

viabilidade de um "mundo desumano e ateu" como aquele em que vivia e que por diversas vezes condenou em seus poemas. De igual modo, apenas um homem rebelde recusaria os quadros psicológicos e sociais que estavam a forjar, nos homens e nas mulheres, a submissão, o servilismo e a obediência como um modo de ser. Era exatamente contra essa postura passiva que sua rebeldia se colocava. Neste sentido, seu canto poético era uma clara atitude de afirmação da insubmissão da sua personalidade: "Deus me tornou insubmisso" a todas as investidas imperiais que o mundo moderno, mundo "decaído", deflagrava sobre ele. Somente aqueles que atestaram, dentro de si, a presença de Deus, que sentiram, em suas profundezas, "as reservas do eterno", somente esses podiam assumir, de acordo com nosso poeta, uma atitude de rebeldia, uma "revolta espiritual" para com o mundo e para com os homens, mas de docilidade, para com Deus. Ser rebelde implicava, portanto, "sentir, a toda hora e a todo o momento, a presença viva de Deus"; significava "ser perseguido pelo tormento de Deus", ou como diria Berdyaev, ser perseguido pelo Seu chamado (Berdyaev, 1960:53).

Essa presença viva e insistente de Deus tornava a vida ainda mais trágica, conforme o jovem poeta afirma em outro poema de 1937. Os homens perseguidos por Deus, diz, são "sofredores de uma tragédia cruciante": por um lado, eles amam o "mundo do pecado", que a todos solicita e oferece "alívios" em "sua alegria embriagadora"; por outro, para atenderem ao chamado de Deus, têm eles que renunciar a este "mundo tão sedutor" (Ramos, 1937A). Assim, em tons de confissão, sacramenta:

O mundo é o peccado. *Eu aprendi a amar o peccado* – diz o homem perseguido por Deus. Mas Deus me chama e eu começo a detestar este mundo. Sinto o peso da minha miséria apegando-me ao mundo. Mas Deus nasceu para mim e cada vez mais me vence.
Sinto que vae nascer um novo dia. Cada vez mais resisto menos.
Deus me persegue...
Tenho medo de Deus...
Porque o mundo ainda me seduz...
[Guerreiro Ramos, 1937a; grifos nossos]

Dessa tragédia derivava a contradição mesma de sua rebeldia. Sem esquecer que o Homem tem suas origens, a um só tempo, em Deus e no *Ungrund*,[5] Guerreiro Ramos também se insurgia contra Deus, deixando transparecer a eterna tragédia existencial a que todo humano estaria condenado a viver. Para Berdyaev (1960:26), a rebelião contra Deus representaria "o retorno ao não ser", a "vitória", no Homem, "do não ser sobre a luz divina". Em "Lamentações", segundo poema de seu livro, o poeta sinaliza sua fraqueza, quando se declara revoltado contra Deus:

Eu tenho vergonha de crer.

Tenho o zelo do que os meus amigos pensam de mim.

Deus me tornou ridículo.

....

Tua presença me incomoda.

Tua presença me inquieta.

---

5. Em seu significado literal, *Ungrund* quer dizer "não fundamento". Berdyaev recuperou do pensamento do místico alemão Jacob Boehme essa noção, que quer significar uma espécie de abismo preexistencial, onde tudo se encontra em situação de pura potencialidade e liberdade. O *Ungrund* não é nada e sua noção não é um conceito, mas um mito, ou melhor, um símbolo que expressa a verdade fundamental sobre uma existência que é incapaz de ser anunciada em um arranjo conceitual objetivo (Berdyaev, 1945:54). Nele coexistem todas as oposições, antíteses e antinomias em um estado de irrealização e, ao mesmo tempo, de pura potencialidade, de tal modo que elas somente emergem do *Ungrund* uma com a outra, e suas identidades se relevam exclusivamente por intermédio de seu outro (Berdyaev, 1930). Por considerar que toda realidade e possibilidade estão contidas em uma unidade primeira, que é o *Ungrund*, não há, na metafísica berdyaeviana, uma distinção ontológica entre seres humanos e Deus, entre Ser e consciência, tal como se percebe nas metafísicas tradicionais. Na verdade, o *Ungrund* é anterior à pessoa de Deus, sendo para Ele um eterno mistério, pois que precede à própria consciência que Deus vem a adquirir de Si, o que não quer dizer que o não fundamento seja o criador pessoal de Deus, mas somente o absoluto em si mesmo, o *locus* principiante da vida divina e do processo de autocriação e revelação do Ser e do Divino. Deus, portanto, origina-se do *Ungrund*, emerge como Pessoa, harmonizando em Si todas as bipolaridades. Tal como Deus, os seres humanos também se originam do Groundlessness (sinônimo de Berdyaev para *Ungrund*), mas estes não conseguem, de modo constante, aquela harmonização. É no *Ungrund* que Deus e os seres humanos "exercitam uma liberdade infinita" (Clarke, 1950:88).

....

Em torno a mim reina a incompreensão.
E não te posso amar porque os homens não te amam.
Os homens vivem sem ti.
Não sentem a necessidade da tua graça.
E, por isso, não te quero amar.
Porque amo mais aos homens do que a ti.
Os homens te expulsaram do coração.
Tu não existes, neste mundo.

....

Também em "Lamentações" encontramos a expressão de sentimentos outros, tais como desejo da entrega e do amor, dúvidas, conflitos, certezas, abandono, alegria e nostalgia. Esses sentimentos apontam para as profundas contradições, paradoxos e dualidades imanentes ao Homem, mas que estavam sendo sentidos de modo mais agudo em razão da solidão que nosso poeta experienciava. Em "Lamentações" ele confessa, em tom de súplica, sua solidão: "estou só, meu Deus". A solidão o fazia sentir-se um estrangeiro no mundo, um homem sem par, sem um tu, sem "o consolo da comunhão", deixando claro o quão distante estava de uma "existência autêntica", para dizermos com Berdyaev (1938:92). Além de só, dizia-se, como o fez no poema "Nostalgia Angélica", um "anjo" na terra, "perdido", "exilado", ou, na linguagem de Berdyaev (1960:46), "um ser terreno com lembranças do paraíso e reflexos da luz divina". Vejamos o poema:

Eu estou só,
Sentindo-me inseguro.
....
Eu sou um *peregrino do Absoluto*,
Estrangeiro que passa
No meio da balbúrdia da cidade.
Minha pátria não é esta.
Eu a deixei há muito tempo.
Eu sinto a nostalgia de minha pátria.

Eu tenho saudade de minha pátria.
Minha pátria é o céu.
Eu sou um anjo
Perdido
Exilado,

....

O anjo que habita
Que se exilou em mim,
Tem saudades do Creador.
Eu tenho a experiência viva
De que sou anjo.
E sofro a incompreensão.

....

As vozes da cidade
Me fazem sentir
A nostalgia da pátria
De onde eu rolei,
Pecando...

Há outro poema que não integra o livro, mas que explora a mesma ideia de homem desterrado. Em "Exílio" (Guerreiro Ramos, 1936a), tanto quanto em "Nostalgia angélica", a descrição que o poeta faz de si guarda aquelas observações feitas por Berdyaev (1960:284) sobre o homem como um ser exilado e que carrega consigo lembranças de sua pátria natal, o paraíso. É exatamente assim que Guerreiro Ramos se apresenta quando fala da sua condição humana no mundo, de sua relação com os seus, com o mundo e com Deus. Assume-se na posição de poeta e, a partir dela, depõe sobre seu estado e sua sentimentalidade. A solidão é sua companheira: entre os homens, diz ele, "estou só"; ante o Eterno, também. Exilado dos homens e de Deus, detém consigo a recordação, a lembrança de "uma paisagem longínqua", "paisagem da pátria inenarrável", lembrança esta que não se faz presente nos seus próximos, pois que a perderam em suas ambulações "pelo pecado".

Mas o anjo que sente em si, no entanto, a ele não se impõe de modo absoluto. Em "A luta contra o anjo", o autor afirma que sua faceta an-

Guerreiro Ramos e *O drama de ser dois*

gélica não apenas lhe fornece o sentimento profundo de proximidade com o divino, mas também lhe provoca repugnância e ódio, pois obstaculiza seu processo de autodeterminação e criação. Por isso é que ele "luta contra o anjo" que dentro de si "chora" com "saudades do Eterno", atormentando-o no íntimo e provocando um desejo "titânico" de acabar, definitivamente, com o anjo que há dentro de si: "quero matá-lo, em mim, [...] E fazer-me um super-homem".

No poema "O canto da alegria triste" os sentimentos são expressos de modo intenso, e "o drama de ser dois" insurge de maneira mais explícita. O título, como podemos notar, já denuncia o dualismo sentimental guerreiriano. A "alegria triste" era resultante da dilaceração que o acometia, das "contradições interiores" de que se dizia vítima, da sua inadequação "aos quadros" do mundo; em suma, a sua alegria era triste porque constatava em si o drama originário da "enigmática e contraditória natureza do homem", cujas raízes estariam fincadas, como disse Berdyaev (1960:46), em Deus e nas profundezas do Absoluto. A tragédia humana, o drama de ser dois, de pertencer a dois mundos, como vimos, resultava exatamente dessa dupla origem humana. O sofrimento de nosso poeta agravava-se, sobremaneira, pelo fato de ele reconhecer em si essa dualidade originária do homem e o tormento que ela lhe provocava. Era esse fato que fazia a sua alegria triste, humilde, dolorosa, nostálgica, saudosa...

> A minha alegria é uma alegria triste,
> Uma alegria humilde,
> Uma alegria dolorosa,
> Uma alegria santa,
> Uma alegria nostálgica,
> É uma saudade longínqua
> De um céu
> Que eu entrevi
> Nos grotões de mim mesmo.
> A minha alegria é uma alegria inquietadora
> Que me traz sempre
> Sob o tormento de Deus.

A minha alegria é triste
Porque me faz viver
Entre a saudade do céu
E a saudade do mundo.
E eu vivo dilacerado
Pelas contradições interiores
De que sou vítima.

....

E, dentro de mim,
Se trava
O duelo entre o céu e a terra,
E sinto a nostalgia do céu,
Quando estou na terra.
E sinto a nostalgia da terra,
Quando estou no céu.
Mas eu sou um estranho.
Eu estou sozinho. [grifos nossos]

....

Um homem desses, que pelos caminhos tortuosos da peregrinação pessoal sentiu o sopro divino originário, regressa para a vida cotidiana transformado, sedoso por comunhão, por amor e pelo compartilhamento de sua alegria. Tendo Deus o tornado um homem famélico de "sentido" de vida, "de um mais além", ele acredita, ele sonha com a possibilidade, senão de saciar-se no mundo comunitário, pelo menos de nele transbordar, compartilhando sua alegria e amor. Vejamos o que diz Guerreiro Ramos em "Nostalgia da esperada":

Sonho
Com a alma complementar
Da minha.
Sonho e espero.

....

Procuro-te,

....

Quando souber,
E ver,
E sentir
Quem és,
Terei compreendido
O teu mistério,
Vivendo-o,
Sentindo-o.
Então formaremos
Esta síntese humana
Que é um *NÓS*
Indissolúvel,
Solidário,
No qual
Estaremos,
Eu em ti,
Tu em mim.
Tão idênticos
Haveremos de ser
Que seremos
UM só.
Então,
Olharemos para o céu,
Para todo o universo,
E sentiremos
E Unidade
Misteriosa
De toda a Creação.
E seremos
Irmãos
Das estrelas,
Das pedras,
De todos os seres,
De todas as coisas,
Porque formaremos

UM
Com o universo inteiro.
E haverá paz
Em nós.

....

E a nossa felicidade
Será eterna,
Inesgotável.

....

Até que *A MORTE*
Nos devolva
O Paraíso
Que perdemos...

No entanto, percebe ele a decadência do mundo e dos homens, e com ela, de modo consequente, a impossibilidade da comunhão, alimento fundamental da personalidade, da pessoa humana. Deste modo, não conseguindo sua total e plena realização em Deus – somente os Santos isso conseguem –, tampouco no mundo, vive a percorrer seu eterno trajeto: dos grotões de si mesmo para o mundo, do mundo para suas profundezas.

....

E não consigo ser feliz
Como os outros homens
Porque Deus me persegue,
Porque Deus me tornou faminto
De um *sentido*,
De um *mais além*
Que não encontro no mundo.
Deus me fez provar a alegria dolorosa
De lhe ser escravo,
De lhe ser fiel.
E sou infeliz
Porque Deus não me deixa,

Porque Deus empreendeu, contra mim,
Uma perseguição de todos os dias,
De todos os momentos
De minha vida.
E a alegria que Deus me deu
Não cabe em mim mesmo
E transborda.
E procuro amar,
Por meio de um amor transfigurado,
Santificado,
Afim de repartir a minha alegria,
E não encontro a quem dá-la,
E não encontro
Os famintos,
Os sedentos
Desta alegria.
A alegria que embriaga o mundo
É uma alegria sem Deus
É uma alegria satânica,
É uma alegria inteiramente dos homens.
E eu sou um estranho
Porque Deus me persegue.

....

De modo sintético, podemos afirmar que o pequeno livro de poesias de Guerreiro Ramos significava para ele a narração de sua odisseia para escapar do mal que o atormentava. E, como escreveu o nosso jovem poeta em outro artigo, para o homem, vencer o mal somente seria possível caso ele saísse do seu anonimato e passasse a se afirmar como pessoa, ou seja, como um "ALGUÉM com um DESTINO a cumprir" (Guerreiro Ramos, 1937a). Deste modo, era imperativo ao homem dizer "NÃO" a todas as formas de subjugação e anulação que sobre ele o mundo tenta impor, e isso implicava assumir a tragédia como a melhor maneira de lograr êxito em sua humanização:

Onde, então, buscar as energias para impedir a vitória do mal? Eu creio que só por um aprofundamento da noção de pessoa. [...] É necessário colocar a vida na ordem do trágico e do grave. O mal dos tempos modernos não é mais do que a dissolução do homem nas massas. A vida moderna exige do homem uma atividade artificial. O homem não pode estar sozinho. Porque o seu silêncio é invadido pelas vozes que o distraem de si mesmo. O homem não tem tempo para encontrar-se consigo mesmo. Ele é assim tiranizado pelo ON-DIT, pelo terrível e mediocrizante ON, pelo DIZEM. E se determina segundo as palavras de ordem deste ON anônimo, sem ter a coragem de comprometer-se, agindo responsavelmente. No mundo moderno, dada a vitória da quantidade sobre a qualidade, para que o homem viva como pessoa é preciso ser um forte, expor-se contra a onda apavorante do ON, é preciso ser anarquista, trazer a revolução no sangue, criar-se para si o seu próprio mundo, fazer o seu lar, os seus amigos e a si mesmo. [Ramos, 1937a]

III.

Esta definição de si mesmo como um homem que vivenciava sua existência de maneira dramaticamente tensionada entre dualidades foi feita por volta dos 22 anos de idade. Aos 67, pouco antes de sua morte, ele ainda admitia ser este um traço fundamental de sua pessoa. Pertencer a dois mundos significava, na verdade, não pertencer a nenhum deles, mas estar, sempre, entre. Em suas próprias palavras:

Ainda hoje eu acho que esse é um traço fundamental do meu perfil: eu não pertenço a nada. Não pertenço a instituições, não tenho fidelidades a coisas sociais; tudo o que é social, para mim é instrumento. Eu não sou de nada, estou sempre à procura de alguma coisa que não é materializada em instituição, em linha de conduta. Ninguém pode confiar em mim em termos de socialidade, de institucionalidade, porque isso não é para mim; não são funções para mim. O meu negócio é outro. [Ramos, 1985:4]

Sem abandonar de todo o sentido que a expressão "drama de ser dois" possuía como definição de sua personalidade, e já sendo considerado um dos maiores sociólogos brasileiros, Guerreiro Ramos adotou a expressão inglesa *in-between*, tomada emprestada de Eric Voegelin, por quem nutria muita admiração, para explicar tal condição existencial. Voegelin recuperou a noção platônica de *metaxy* para poder afirmar que a existência humana contempla uma estrutura intermediária (*in-between structure*), na qual a consciência humana se desenvolve. As pessoas experienciam essa estrutura intermediária da existência como um campo de tensão entre polos contrários, tais como vida e morte, perfeição e imperfeição, tempo e eternidade, mortalidade e imortalidade etc. Para Voegelin, nós não "existimos" em nenhum dos polos dessa tensão, mas, na realidade, entre eles. Seria um erro, adverte o autor, considerar tais polos objetivamente. Trata-se de sentidos ou índices, entre os quais nos movemos, existencialmente.

Assim, associando as expressões *drama de ser dois* e *in-between*, disse ele certa vez: aquele pequeno livro de poesias "é realmente uma expressão do que eu sempre fui. Em inglês existe uma expressão: *in--betweenners*. Estou *in-between*. Nunca estou incluído em nada. As minhas metas são a única coisa que estou incluído; não há pessoas que me incluam" (Ramos, 1985:4). Em outra passagem de seu último livro, diz: "a verdadeira existência, individual tanto quanto social, nunca é um fato – uma simples manifestação externa evidente por si mesma", mas "alguma coisa intermediária – *in-between*", quer dizer, "uma tensão entre o potencial e o real" (Ramos, 1981:126-128).

Por fim, queremos dar destaque a um aspecto também interessante. Como dito, a expressão "drama de ser dois" procurava definir uma vivência singular, no caso a experienciada pelo jovem poeta Guerreiro Ramos. No entanto, posteriormente, apropriações dessa expressão fizeram com que seu significado extrapolasse a particularidade daquela vida a que ela se referia, convertendo-se mesmo em uma espécie de categoria sociológica para definir a situação do mulato brasileiro. Darcy Ribeiro, por exemplo, fez uso da expressão para se referir à condição dramática a que estava exposto o mulato brasileiro, o qual, segundo o antropólogo, experimentava "dois mundos conflitantes": por um lado, o mulato participava do mundo do negro, mas era por este rechaçado; de outro lado, ele também vivenciava o mundo do branco, que também o rejeitava. Assim, concluía o autor, era exatamente nessa condição dual de existir que o mulato humanizava-se, quer dizer, tornava-se humano "no *drama de ser dois*, que é o de ser ninguém" (Ribeiro, 1995:223; grifos nossos).

Costa Pinto, bem antes do antropólogo e ex-senador, ao abordar as elites negras no Brasil dos anos 1950, deu destaque à mudança em seu comportamento e modalidade de ação social. Haveria, até aproximadamente a primeira metade do século XX, uma "antiga elite negra", que teria no poeta catarinense Cruz e Souza seu tipo paradigmático. Essa elite, procurando "esquecer" que era negra, assumia uma estratégia de inserção social que prezava e assimilava o padrão de gosto, estilo e forma do homem branco europeu, fato que levava seus membros a vivenciar aquele drama da dualidade. Na opinião de Costa Pinto, essa estratégia estaria, em seus dias, fadada ao fracasso, porque o negro,

> quando já está quase convencido disso [de seu embranquecimento], uma querela insignificante, um bate-boca na rua, um fato qualquer [...] gera um comentário, um apelido, um riso, um olhar às vezes, que rasga de chofre a realidade diante dele, coloca-o de novo no seu lugar e ele sente, então, com extrema intensidade, o *drama de ser dois*.

No entanto, uma "nova elite negra" vinha se configurando na sociedade brasileira a partir dos anos 1950 do século passado, designada como as "novas elites negras". Seus membros, porque procuravam ascender socialmente assumindo a "negritude", não mais estariam expostos ao drama da dualidade – agora eram alguém (Pinto, 1998:241). Nessa nova elite negra, Alberto Guerreiro Ramos ocupava lugar de destaque.

REFERÊNCIAS

ANTELO, R. Ensaio crítico, vanguarda e intelectualidade. Guerreiro Ramos, o não contemporizador. In: SEMINÁRIO EM COMEMORAÇÃO AO CENTENÁ-

RIO DE NASCIMENTO DE ALBERTO GUERREIRO RAMOS, 10 e 11 set. 2015, Florianópolis.

____. *Literatura em revista*. São Paulo: Ática, 1984.

BERDIAEFF, N. *De l'esclavage et de la liberté de l'homme*. Traduit du russe par S. Janklevitch. Paris: Aubier, 1946.

____. *Dream and reality* – an essay in autobiography. Translated from the Russian by Katharine Lampert. Nova York: Collier Books, 1962.

____. *O espírito de Dostoievski*. Tradução de Otto Scheider. Rio de Janeiro: Panamericana, s.d.

____. *Solitude and society*. Translated from Russian by George Reavey. Londres: Geoffrey Bles, 1938.

____. *The destiny of man*. Translated from the Russian by Natalie Duddington. Nova York: Harper Torchbook, 1960.

____. *The meaning of history*. Translated by George Reavy. Londres: Goeffrey Bles, 1945.

BERDYAEV, N. *Studies concerning Jacob Boehme*. Etude I. The teaching about the Ungrund and freedom. Translated from Russian by Fr. S. Janos, 1930. Disponível em: <www.berdyaev.com/berdyaev/berd_lib/1930_349.html>. Acesso em: 16 out. 2002.

CARVALHO, N. de. O drama de ser dois. *O Imparcial*, Salvador, 8 fev. 1938.

CLARKE, O. F. *Introduction to Berdyaev*. Londres: Geofrey Bles, 1950.

COMPAGNON, O. *Jacques Maritain et l'Amérique du Sud* – le modèle malgré lui. Paris: Presses Universitaire du Septentrion, 2003.

DAVY, M. *Nicolas Berdyaev:* man of the eighth day. Translated from French by Leonora Siepman. Londres: Geoffrey Bles, 1967.

GUERREIRO Ramos, A. G. *A nova ciência das organizações*: uma reconceituação da riqueza das nações. Rio de Janeiro: Editora da FGV, 1981.

____. *Alberto Guerreiro Ramos* (depoimento, 1981). Rio de Janeiro, FGV/CPDOC – História Oral, 1985. 64 p. dat.

____. Exílio. *A Ordem*, Rio de Janeiro, v. XVI, p. 83, 1936a.

____. *Introdução à cultura* (ensaios). Rio de Janeiro: Cruzada da Boa Imprensa, 1939a.

____. Minha vida começou hontem. *O Imparcial*, Salvador, dez. 1936b.

____. Não. *A Ordem*, Rio de Janeiro, a. XVII, v. XVII, p. 164-169, ago. 1937a.

____. *O drama de ser dois*. Salvador, 1937b.

____. Presença de Maritain. *A Ordem*, Rio de Janeiro, a. XXVI, n. 5 e 6, p. 145, maio/jun. 1946.

____. Sentido da poesia contemporânea. *Cadernos da hora Presente*, Rio de Janeiro, p. 86-103, maio 1939b.

LEITE, J. C. do P. Debate à exposição de Ubiratan Simões Rezende. *Revista de Administração Pública* (Simpósio Guerreiro Ramos: resgatando uma obra), Rio de Janeiro, v. 17, n. 2, p. 111-114, abr./jun. 1983.

MATTA, J. E. Debate à exposição de Ubiratan Simões Rezende. *Revista de Administração Pública* (Simpósio Guerreiro Ramos: resgatando uma obra). Rio de Janeiro: FGV, v. 17, n. 2, p. 106-110, abr./jun. 1983.

MCLACHLAN, J. M. *The desire to be God*: freedom and the other in Sartre and Berdyaev. Nova York: Peter Lang Pulishing, 1992.

MOURÃO, G. M. *A invenção do saber*. Rio de Janeiro: Paz e Terra, 1983. p. 160-162.

_____. *Entrevista pessoal*. Gravada em 9 de julho de 2004.

O'SULLIVAN, N. The tragic vision in the political philosophy of Nikolai Berdyaev (1874-1948). *History of Political Thought*, v. XIX, n. 1, p. 79-99, primavera 1998.

OLIVEIRA, L. L. *A sociologia do Guerreiro*. Rio de Janeiro: Editora da UFRJ, 1995.

PINTO, L. de A. *O negro no Rio de Janeiro*. Relações de raça numa sociedade em mudança. Rio de Janeiro: Editora da UFRJ, 1998.

PIZZA JR., W. *Entrevista pessoal*. Gravada em 8 de julho de 2004.

RIBEIRO, D. *O povo brasileiro*: a formação e o sentido do Brasil. 2. ed. Rio de Janeiro: Companhia das Letras, 1995.

RILKE, R. M. *Cartas a um jovem poeta e A canção de amor e de morte do porta-estandarte Cristóvão Rilke*. Tradução de Paulo Rónai e Cecília Meireles. São Paulo: Globo, 2001.

SEAVER, G. *Nicolas Berdyaev*: an introduction to his thought. Londres: James Clarke, 1950.

SILVEIRA, T. da. *Os poetas procuram Deus*. 1938.

VALLON, M. A. *An apostle of freedom*: life and teachings of Nicholas Berdyaev. Nova York: Philosophical Library, 1960.

Guerreiro Ramos: a inspiração para a contextualização e o conhecimento aplicado

BIANOR SCELZA CAVALCANTI*

O SUCESSO DA TRAJETÓRIA intelectual de Alberto Guerreiro Ramos[1] (1915-82) não fica apenas evidente na realização do Seminário Internacional "Guerreiro Ramos: o legado de uma dupla cidadania acadêmica", realizado no dia 15 de outubro de 2014, na sede da Fundação Getulio Vargas, e no qual estiveram presentes representantes de instituições nas quais o sociólogo baiano desempenhou marcante papel – caso da própria FGV, da Universidade Federal de Santa Catarina e da University of Southern California, bem como do Conselho Federal de Administração, entidade da qual o velho Guerreiro é patrono.

Também não se evidencia nos prêmios internacionais que lhe foram muito honrosa e merecidamente entregues, a exemplo dos três prêmios: "Teaching Excellence Award", da School of Public Adminis-

---

* Presidente da Associação Internacional de Escolas e Institutos de Administração do Instituto Internacional de Ciências Administrativas (Iasia/Iias, em inglês). Diretor Internacional da Fundação Getulio Vargas. Ex-diretor da FGV/EBAPE. Professor emérito da Escola de Comando e Estado-Maior do Exército (Eceme). É membro da Academia Brasileira de Ciência da Administração (ABCA) e ex-presidente do Grupo Latino-americano para a Administração Pública (Glap/Iias).
1. Intelectual, sociólogo e político brasileiro afrodescendente. Foi professor visitante da Universidade Federal de Santa Catarina; professor da Escola Brasileira de Administração Pública (Ebap) da FGV; e dos cursos de sociologia e problemas econômicos e sociais do Brasil do Departamento Administrativo do Serviço Público (Dasp). Militante do Teatro Experimental do Negro, idealizado com o objetivo de valorizar o negro no teatro e a criação de uma nova dramaturgia. Deixou o país em 1966, radicando-se nos Estados Unidos, onde passou a lecionar na Universidade do Sul da Califórnia. Atuou também como delegado do Brasil junto à Organização das Nações Unidas para a Educação, a Ciência e a Cultura (Unesco), que patrocinaria um conjunto de pesquisas sobre as relações raciais no Brasil – campo de estudo para o qual Guerreiro Ramos traria grandes contribuições.

tration; "University Associates Award", por excelência do ensino; ou, ainda, do "Phi Kappa Phi Book Award", por seu livro *A nova ciência das organizações*, de 1981.

O sucesso de sua trajetória intelectual se evidencia mais é na lembrança de seus colegas e ex-alunos, assim como no desenvolvimento de incontáveis estudos e análises baseados na vida e obra do velho Guerreiro, com o objetivo de aclarar, aprofundar e dar seguimento à sua rica contribuição intelectual, fruto da espirituosa observação militante e comprometida de seu autor com a transformação social e o estabelecimento de níveis cada vez mais sólidos de justiça social.

Para além dos conceitos que construiu e das explanações e interpretações próprias de realidades complexas, estas resultantes do uso instrumental daqueles conceitos autorais desenvolvidos, o legado teórico de Guerreiro Ramos se manifesta, em grande medida, na potencialidade de suas ideias para motivar, inspirar e direcionar, sem que condicione ou limite os esforços de pesquisa subsequentes das novas gerações de pesquisadores.

Pretendo, assim, dada a sua importância, me deter essencialmente nesta questão da inspiração, posto que em nossos dias se refere a um significativo e crescente número de estudantes de programas de mestrado e doutorado envolvidos na produção de monografias e teses, em grande medida dependentes de esforços concentrados de pesquisa. Para tanto, vou me deter em duas fontes: uma seminal e outra dela decorrente, para efeito de exemplificação com um caso concreto. A fonte seminal é *A redução sociológica*, de Guerreiro Ramos; a derivada é *O gerente equalizador: estratégias de gestão no setor público*, de minha autoria, produto de tese de doutoramento.

Guerreiro Ramos e o compromisso com a pesquisa aplicada

O mexicano Samuel Ramos (1897-1959) explica e justifica muito bem a então criticada recorrência dos intelectuais de seu país às formas de pensar e ao conhecimento e práticas europeias (Ramos, 1951:85). Samuel Ramos atribui certa magnitude heroica aos autores de uma

Guerreiro Ramos: a inspiração para a contextualização...

obra intelectual de alta qualidade que provém exatamente do fato de ter sido desenvolvida livremente, desprendida da realidade imediata do México àquela época. Denuncia, assim, uma crítica vulgar ao negar a essa obra uma significação nacional, por não se encontrar nela alusões à história contemporânea do México.

A justificativa por ele dada é que cada intelectual, ao buscar no seu entorno, dava-se conta de que a realidade ambiente era a morte, e que, portanto, ao defender sua fé e sua porção de cultura, defendia um fermento de vida. Não estava, assim, fora de seu mundo, porque salvar-se a si mesmo era contribuir, de alguma forma, para a salvação do país.

Não se tratava, pois, de desprezo ao país ou incompreensão dos seus problemas a falta de citações à realidade circundante. O criticado "europeísmo" nem sempre representava um frívolo estar na moda ou um mimetismo servil. Mas sim uma expressão do espírito dos intelectuais em busca dos valores efetivos da vida humana e de entrar no mundo da cultura universal cujo ingresso requer uma linguagem não disponível então no seu entorno imediato. A vontade de empreender essa busca e a aptidão para executá-la, segundo Samuel Ramos, eram dois dos *leitmotiv* da cultura crioula hispano-americana, correspondente à nossa cultura cabocla.

Nesse sentido, acrescenta Samuel Ramos,

eles foram a alma do México, mas uma alma... sem corpo. Uma cultura superior necessita, para se sustentar, de certa forma social de cultura média, que é sua atmosfera vital. Esta última seria o corpo que faltou para completar a totalidade orgânica de nossa cultura e fazê-la eficaz. Só quando se torna acessível à comunidade a ilustração média fluirá por todas as suas partes a alma da minoria culta, e a moverá como o sistema nervoso move os membros de um organismo. [Ramos, 1951:86]

Em contraste com as etapas mais tenras do pensamento autóctone, mas inspirado e circunscrito ao diálogo intelectual estrangeiro, o Brasil, tal como o México, só mais tarde encontrou seu *debut* na autorreflexão.

Recorro aqui a Guerreiro Ramos, destacado autor de *A redução sociológica*, *Administração e estratégia do desenvolvimento* e *A nova ciência das organizações*, entre outras obras importantes da sociologia e da administração no Brasil, e cujo centenário de nascimento comemoramos ano passado.

Cabe observar que, embora pequena na sua extensão, *A redução sociológica* é uma obra grande na sua contribuição à sociologia brasileira e às disciplinas correlatas e subsidiadas pela produção sociológica, como é o caso da administração, em geral, e da administração pública, em particular.

De certa forma, a obra de Guerreiro envolve uma primeira dimensão de análise fatorial sociológica, qualitativa, que explica o desenvolvimento de uma consciência crítica da realidade nacional. Consciência crítica esta resultante dos níveis de industrialização e urbanização alcançados em determinada fase, bem como das correspondentes alterações do consumo popular que se vai sobrepondo e liquidando uma mentalidade colonial que se impõe às formas do "como" estudar, interpretar e pensar o país.

Guerreiro Ramos nos alerta para dois pontos essenciais:

"Por uma questão de 'economia intelectual' é mais rendoso adotar ideias do que estudar os problemas nacionais e produzir soluções originais", o que requer da sociedade capacidade de gerar excedentes, quando o nível de complexidade assimetricamente alcançado em seus diversos setores "torna inescapável a necessidade de soluções originais" (Guerreiro Ramos, 1965). "Roupa sob medida é mais cara", lembra Guerreiro. Daí a necessidade de explorarmos formas mais compatíveis com nossa realidade econômica para gerar conhecimento.

O segundo ponto, na realidade a essência do seu manifesto, é que a criação está diretamente associada aos ditames da prática. Uma população majoritariamente não politizada concede às elites as possibilidades de importação de figurinos e arremedo de sua aplicação. *A redução* será inexorável com o surgimento dos problemas práticos impostos pela realidade e apresentados pelas populações mais politizadas, em consequência do desenvolvimento, industrialização, urbanização e alterações do consumo popular.

Nesse sentido, Guerreiro estabelece uma relação direta, criticamente indissociável, entre o "o que" e o "como". O "o que" é, simplesmente, o

Brasil. Suas exemplificações do compromisso com *A redução*, porém, vão das estatísticas econômicas às técnicas agrícolas. Para Guerreiro, o foco é o Brasil. O compromisso primordial é explicar e entender o Brasil, para alimentar seu tempestivo desenvolvimento, na medida dos seus atributos, de diferentes naturezas, disponibilizados a cada etapa de um processo histórico que se vai desvelando.

A segunda dimensão da obra, portanto, dedica-se ao "como" da empreitada crítica provocativamente proposta. Respaldado, então, em antecedentes filosóficos e sociológicos, Guerreiro destila o conjunto das quatro *leis da redução sociológica* para estabelecer o "como" da empreitada intelectual requerida aos estudiosos do Brasil e, diria, de todos aqueles comprometidos com seus próprios contextos e realidades, como queremos ser o nosso caso.

É importante registrar aqui a profunda admiração que Guerreiro Ramos explicita em relação à sociologia dos EUA, exatamente por seu comprometimento com a problemática própria e sua adequação metodológica aos recursos e requisitos disponíveis e convenientes para abordá-la. Este arrazoado de brilhantes elucubrações nos disponibilizou: 1) a "Lei do Comprometimento"; 2) a "Lei do Caráter Subsidiário da Produção Científica Estrangeira"; 3) a "Lei da Universalidade dos Enunciados Gerais da Ciência"; e 4) a "Lei das Fases".

Vejo *A redução* como um autêntico manifesto intelectual, atemporal ou transtemporal, a ser considerado recurso bibliográfico mobilizador de primeira ordem, em qualquer curso de formação, em todos os esforços de estudos e pesquisas, e em todas as áreas do conhecimento, mormente nas ciências sociais e congêneres aplicadas, como a administração.

Quanto à "Lei do Comprometimento", Guerreiro Ramos é extremamente crítico em relação a seus antecessores e contemporâneos, que entende serem intelectuais condicionados por conceitos e pré-conceitos, quadros conceituais e metodologias importados acriticamente, sendo, portanto, descompromissados e impossibilitados no que se refere à geração de conhecimento capaz de gerar as viáveis e necessárias transformações sociais. "Nos países periféricos, a ideia e a prática da redução sociológica somente podem ocorrer ao cientista social que tenha adotado sistematicamente uma posição de engajamento ou de compromisso consciente com o seu contexto" (Guerreiro Ramos, 1965:105).

Nesse sentido, Guerreiro observa que, em geral, todos desejam contribuir para a promoção histórica de sua coletividade. Alerta, no entanto, para o deslize de "especialistas que, professando um universalismo não qualificado, pretendem depurar a sua prática científica do influxo de um compromisso com a realidade social. Julgam que esse influxo vicia a atividade científica" (Guerreiro Ramos, 1965:75).

Guerreiro, portanto, chama nossa atenção para a atitude genuína do estudioso, no sentido de que a seu tempo as condições para a autorreflexão e compromisso com a solução de problemas práticos já estavam dadas.

Segundo a Lei do Caráter Subsidiário da Produção Científica Estrangeira, "À luz da redução sociológica, toda produção científica estrangeira é, em princípio subsidiária", ou seja, ao colocar em suspensão, ou entre parênteses, conceitos alienígenas, é possível utilizar-se deles na busca daqueles a serem desenvolvidos a partir de nossa própria realidade.

A Lei da Universalidade, por sua vez, entende que "a redução sociológica só admite a universalidade da ciência tão somente no domínio dos enunciados gerais". Para Guerreiro, o comprometimento com o objeto nacional e localmente contextualizado não nega a universalidade da ciência. A soma dos esforços dos especialistas dispersos pelo mundo e a obrigação dos mesmos se manterem atualizados em relação ao estado da arte constroem e disponibilizam um patrimônio comum que influencia a comunidade científica. "Em ciência não há lugar para jacobinismo, ninguém pode realizar progressos senão a partir do que foi conquistado pelo esforço universal dos cientistas" (Guerreiro Ramos, 1965:132).

Guerreiro se refere ao compartilhamento de um mesmo "círculo semântico", ou seja, um mesmo repertório central de enunciados gerais, consensuais à comunidade científica internacional. Mas é fundamental entender que "o que caracteriza como nacional uma sociologia não é o fato de que os princípios gerais do raciocínio científico variem de

Guerreiro Ramos: a inspiração para a contextualização...

nação para nação, mas tão somente a funcionalidade das cogitações dos sociólogos" (Guerreiro Ramos, 1965:96). Isto é, o mergulho existencial do sujeito nos objetos contextualizados de seu estudo.

Por fim, a Lei das Fases determina que "À luz da redução sociológica, a razão dos problemas de uma sociedade particular é sempre dada pela fase em que tal sociedade se encontra" (Guerreiro Ramos, 1965:129). Guerreiro recorre às noções de "razão histórica" em Dilthey, de "razão vital" em Ortega y Gasset e à psicologia da Gestalt, segundo a qual o todo antecede as partes, para derivar a ideia de uma "razão sociológica" como "uma referência básica, a partir da qual tudo o que acontece em determinado momento de uma sociedade adquire o seu exato sentido" (Guerreiro Ramos, 1965:129).

A cada fase corresponde um conjunto de características que só desaparecem pela superveniência de outra unidade à qual corresponderão outras características. A divisão em fases é um meio para determinar a direção em que se orienta a evolução da cultura, mediante o confronto das fases, segundo Müller-Lyer, citado por Guerreiro. A vantagem do método está em captar a linha diretriz do devenir histórico.

A intolerância à esquerda e à direita do polêmico Guerreiro estava longe de um nacionalismo radicalmente irascível. Baseava-se em larga medida em sua análise do estágio de desenvolvimento industrial e urbano alcançado, assim como dos padrões de consumo assumidos, elementos libertários do pensamento colonizado da intelectualidade. Guerreiro não explicita esse ponto, mas anteriormente a esse estágio mais desenvolvido de industrialização, urbanização e consumo, o pensamento estruturado em bases fundamentalmente externas ao regional e ao local podia encontrar plausibilidade e justificativa – como vimos em Samuel Ramos.

É neste sentido que Guerreiro Ramos entende que a industrialização e a urbanização do Brasil, já ao final dos anos 1950, geraram uma classe média cujo estado de vida e suas possibilidades efetivas poderiam fazer convergir e sintonizar o desenvolvimento da inteligência local, lastrada na vivência de seus problemas e condições específicas, com os elementos de uma cultura universal. Assim, Guerreiro Ramos se fundamentou na filosofia e na ciência social europeia para superar as limitações intelectuais de seu meio imediato, vindo a tornar-se admirador da sociologia americana aplicada, e dedicando-se à compreensão do Brasil a partir de um instrumental teórico-conceitual próprio capaz de ajudar sua transformação.

Ao adentrar na então Escola Brasileira de Administração Pública da Fundação Getulio Vargas (Ebap/FGV) no emblemático ano de 1968 – vindo, inclusive, da condição de liderança estudantil de colégios secundários católicos –, vivenciei o momento político em evolução quando, naquele ano e nos subsequentes, a palavra e os pensamentos de Guerreiro Ramos eram transmitidos não só em textos e livros, mas também oralmente, como tradição intelectual a ser preservada pelos chamados "guerreiristas", uma escola de pensamento cultivada mais pelos alunos do que pelos professores. Egos e ciúmes costumam falar alto na academia, assim como o ego do velho Guerreiro Ramos, a quem tive mais tarde o privilégio de conhecer pessoalmente nos Estados Unidos, ainda que superficialmente.

O ponto central é que o pensamento de Guerreiro Ramos me tocou profundamente. Ou seja, ir fundo, tanto quanto possível, na nossa realidade, com as abordagens e métodos adequados a ela.

Aí começa a estória de uma tese de doutorado e de um livro dela derivado: *O gerente equalizador: estratégias de gestão no setor público.*

A contextualização do conhecimento e o conhecimento produzido a partir da experiência

Um dos mais perniciosos efeitos da descontextualização do conhecimento na esfera da administração pública é a transferência indevida de políticas que, embora adotadas com expressivo grau de sucesso em economias desenvolvidas ou empresas privadas, se revelam ineficazes ou até mesmo prejudiciais quando implementadas nos países em desenvolvimento.

Tal erro de interpretação de particularidades de cenários distintos entre si pode ser expresso pelo conceito de *verstehen* (Bacharac, 1989).

Guerreiro Ramos: a inspiração para a contextualização...

O conceito exprime a capacidade de um analista envolvido em determinada realidade de compreendê-la de forma direta, sem necessidade de estudos ou pesquisas. O *verstehen* pode ser dividido em doméstico e radical: o primeiro referindo-se ao observador que age no seu próprio ambiente, enquanto o segundo refere-se ao cientista em ambiente alheio ao seu, como a exemplo do antropólogo, do etnólogo e/ou de pesquisadores do chamado *primeiro mundo* ao analisar as nações em desenvolvimento.

Na esfera da gestão pública, o *verstehen* radical aumenta o risco de transferências indevidas de políticas. A prevenção de tais equívocos passa diretamente pela importância do papel da formação de administradores sintonizados com as características econômicas, culturais, sociais e políticas locais, favorecendo o estudo e a programação de uma gestão pública apropriada com as particularidades da região. Fator crucial para a concretização desse processo é a geração de conhecimento teórico conceitual apoiado em pesquisa empírica, baseada nas realidades nacionais e nas especificidades do setor público.

É nessa direção que a elaboração do livro *O gerente equalizador: estratégias de gestão no setor público* traz sua contribuição. O desenvolvimento de uma pesquisa empírica baseada nas experiências reais de administradores públicos, por meio de suas histórias de vida gerencial, possibilita acessar o mundo da ação transformadora e adquirir um melhor conhecimento a respeito da natureza da ação gerencial que se revela efetiva, face às deficiências e limitações estruturais típicas do setor público brasileiro.

A partir dos relatos provenientes de um grupo de bem-sucedidos dirigentes da administração pública brasileira, torna-se possível apreender as estratégias utilizadas por eles para não apenas lidar com as estruturas e processos formais encontrados no setor público, mas principalmente sancionar novos ambientes, estruturas e processos em contextos institucionais e organizacionais menos favoráveis, onde a ação empreendedora do administrador público se faz mais difícil e, portanto, mais determinante dos resultados devido à falta de apoio das estruturas e mecanismos formais de gestão inadequadamente moldados (incongruentes) (Cavalcanti, 2005).

Os depoimentos recolhidos foram segmentados em 31 blocos de histórias (*minicases*), cada um correspondente a 31 estratégias de gestão adotadas. As estratégias foram compiladas e codificadas, segundo suas similaridades, em oito categorias de ação para superar as limitações estruturais da administração pública brasileira: 1) compartilhar quadros de referência; 2) explorar os limites da formalidade; 3) fazer o jogo da burocracia; 4) induzir o envolvimento dos outros; 5) promover a coesão interna; 6) criar escudos contra as transgressões; 7) superar restrições internas; e 8) permitir o florescimento de estruturas.

Cada um desses blocos de estratégia foi analisado à luz da abordagem interpretativa, que propõe que a modelagem organizacional seja considerada não uma etapa prévia e condicionante do desempenho organizacional, mas sim atividade contínua, com sentido essencialmente interpretativo e prático, confundindo-se com a prática gerencial propriamente dita. A estrutura formal em si não representaria uma barreira ou limitação ao trabalho do gerente que atua como improvisador, capaz de usar de forma criativa os recursos disponíveis à mão (Weick, 1995).

Por meio da gama de entrevistas semiabertas concedidas pelos gerentes, reconhecidos como bem-sucedidos no contexto do setor público,[2] estabelece-se um entendimento prático a respeito das relações entre os gerentes e os mecanismos formais de gestão, explorando os meios utilizados para: 1) lidarem com as patologias culturais e políticas da sociedade; 2) como improvisaram na construção e reconstrução de realidades; 3) como geraram novas interpretações da realidade com seus colaboradores; e 4) os conhecimentos adquiridos nessa vertente que são passíveis de transmissão na capacitação de administradores públicos.

Não se pretende com o livro revelar pretensos heróis ou super-homens e suas realizações grandiosas, mas relatar as experiências vivenciais administrativas de indivíduos que, embora certamente do-

---

2. Considerando-se os resultados, em uma visão "impressionista", de suas organizações em seus períodos de gestão e uma satisfatória relação estabelecida entre esses resultados e o papel proativo dos gerentes selecionados.

tados de atributos especiais, são pessoas representativas do estamento diretivo da administração pública brasileira. Trata-se de pessoas que tiveram suas carreiras profissionais, sistemática e recorrentemente, associadas ao setor público. Para ilustrar o conceito subjacente às estratégias bem-sucedidas utilizadas, recorre-se à metáfora da equalização, emprestada da eletrônica, que significa redução da distorção de um sinal por meio de circuitos compensadores. Assim, diante das limitações impostas pelas estruturas rígidas, centralizadas e sujeitas a incoerências da administração pública federal, bem como pelas características culturais da nossa sociedade, na qual "a política assume os tons e nuanças do patrimonialismo, clientelismo, corporativismo, nepotismo, quando não do ainda presente coronelismo" (Cavalcanti, 2005:22), os gerentes se utilizariam de estratégias equalizadoras, destinadas a compensar a incongruência de um ou mais componentes da estrutura com os requisitos da atividade.

O gestor público, ao se deparar com cenários de quase impossibilidade de realizar uma modelagem organizacional que atenda aos requisitos para a obtenção de resultados satisfatórios, adotaria estratégias de equalização de modo a obtê-los. Essa estratégia de equalização assume papel de equacionamento imediato de problemas estruturais da administração pública federal, enquanto não se estabelecem condições para uma modelagem organizacional mais congruente das instituições públicas brasileiras.

Ao constatarmos a eficácia das estratégias adotadas, evidencia-se que sua adoção depende fortemente das oportunidades que emergem em situações nas quais os dirigentes controlam recursos organizacionais significativos, sobretudo de poder, por ocuparem cargos de alto escalão. Conclui-se que saber detectar e aproveitar essas oportunidades emergentes é uma habilidade gerencial imprescindível para levar adiante a promoção da missão e objetivos das organizações, mesmo em face das irracionalidades estruturais presentes. Igualmente importante é a capacidade de avaliar o grau de incongruência entre os elementos da estrutura e a natureza da atividade da organização, ou seja, ser capaz de fazer um exercício "intuitivo" de modelagem organizacional.

Além da contribuição no que se refere à construção de um conhecimento teórico construído a partir das características e particularidades do setor público nacional, o livro se distingue pela metodologia que se utiliza para que sejam atingidos seus objetivos. Por meio das entrevistas realizadas, produzem-se dados descritivos – palavras escritas ou faladas da pessoa que permitem entender o comportamento humano a partir do próprio ator, dentro de uma perspectiva fenomenológica. Possibilita-se, assim, não o exame do comportamento isolado, mas uma análise holística, capaz de captar o contexto de inserção do indivíduo – sua época, seu grupo político, sua família, organizações em que exerceu suas funções etc. (Bogdan e Taylor, 1975).

As entrevistas se basearam na metodologia de história oral,[3] adotada pelo Centro de Pesquisa e Documentação de História Contemporânea do Brasil da Fundação Getulio Vargas (CPDOC/FGV). Tal metodologia representa uma ruptura epistemológica, provocada pela FGV, na forma de se fazer ciências sociais, em geral, e história, em particular, no Brasil.

Tomadas como fontes para a compreensão do passado, ao lado de documentos escritos, imagens e outros tipos de registro, as entrevistas fazem parte de todo um conjunto de documentos de tipo biográfico, ao lado de memórias e autobiografias, que permitem compreender como indivíduos experimentam e interpretam acontecimentos e cenários específicos, facilitando o estudo da história pelas gerações futuras e a compreensão das experiências vividas por outros.

A despeito das críticas levantadas com relação à incapacidade de histórias e estudos de caso satisfazerem critérios de validação científica, tais como os de confiabilidade e os de aplicabilidade a situações similares, os estudos de casos podem oferecer a partir de sua visão

---

3. Metodologia de pesquisa que consiste em realizar entrevistas gravadas com pessoas que podem testemunhar sobre acontecimentos, conjunturas, instituições, modos de vida ou outros aspectos da história contemporânea. Começou a ser utilizada após a invenção do gravador de voz, nos anos 1950, difundindo-se desde então, ganhando cada vez mais adeptos, tais como historiadores, antropólogos, cientistas políticos, sociólogos, pedagogos, teóricos da literatura, psicólogos e outros. Para maiores informações, visitar: <http://cpdoc.fgv.br/acervo/historiaoral>.

Guerreiro Ramos: a inspiração para a contextualização... 91

sintética dos problemas um meio válido para produzir e acumular conhecimento, se estruturando como uma fonte tão plena de credibilidade para os acadêmicos e estudiosos da área como o é para os administradores (Hummel, 1991:31).

As muitas histórias contadas pelos depoentes no estudo podem ter dois resultados para os leitores, profissionais e estudiosos da administração pública: 1) incluí-los no mundo das entrevistas, engajando-os no esforço de definir situações e problemas, e ganhar seu comprometimento com a busca por soluções; 2) levá-los a expandir seus próprios mundos, ou definições da realidade, ao permitir que internalizem as diferentes ou mesmo desconhecidas experiências vivenciadas pelos depoentes, isto é, fazer com que as novas situações sejam parte do mundo previamente vivenciado pelo leitor, ampliando seus parâmetros e aprofundando o significado dos conteúdos a eles pertencentes.

Em cada um dos registros os eventos só ganham significado gerencial quando o depoente adota uma solução, agindo sobre o problema. Todavia, quando a história é lida, os eventos não ganham significado até que o leitor tenha lido a si mesmo dentro da história. À medida que o leitor calça os sapatos do gerente e enfrenta a tarefa de como lidar com variáveis organizacionais formais[4], esta se torna temática para ele, movimentando-se para o primeiro plano de suas preocupações. Ao se colocar na posição do gerente, o leitor não apenas constrói aquilo que o mundo do entrevistado lhe diria em significado, mas se capacita para reproduzir os passos estruturais que o gerente teve de dar na construção do mundo.

Dessa forma, o livro abre caminho para o entendimento da ação gerencial a partir da apresentação de cada um dos oito conjuntos de blocos de história. Revelam-se as experiências vivenciadas dos entrevistados na ocupação de diferentes cargos e funções, no desempenho do seu papel gerencial. Busca-se o *understanding* da ação a partir das situações, interações e significados mais ou menos compartilhados e

---

4. Tarefa, estrutura, processos de informação e decisão, e mecanismos de integração de pessoas envolvendo sistemas de recompensa e políticas de recursos humanos, por exemplo.

atribuídos aos elementos do mundo organizacional. Não obstante a figura do gerente assuma proeminência no contexto situado dos atos, estes são interpretados em sua essência social, quando atos isolados ganham a dimensão de ação no decurso do tempo.

À luz de pressupostos interpretativistas, o estudo busca um entendimento da ação sem pretensões explanatórias, de corte lógico positivista, conducente a ambiciosas generalizações ou teorização de causalidades. Suas assumidas orientações gerencial, administrativa e organizacional, em contraste com uma igualmente possível, embora não adotada, orientação sociológica, acabaram por clamar uma reflexão final de caráter teórico-conceitual mais aplicada.

Tal reflexão justificou-se não só pelo caráter indutor de novos estudos como também por ter resultado na formulação de um conceito, de alcances descritivos e prescritivos, sintonizado com a teoria da estruturação: o conceito de *gerência equalizadora*. Um conceito que emerge do nosso próprio meio ao colocar em suspensão elementos da teoria funcionalista sistêmico-contingencial das organizações, utilizando-a subsidiariamente, tendo em vista a necessária *redução sociológica* para a obtenção de conhecimento derivado de nossa realidade capaz de contribuir para sua transformação.

Conclusões

Nas referências a Guerreiro Ramos, costumo relatar minha única e inesquecível oportunidade de ver e escutar o mítico professor, cujas histórias e leituras me acompanharam pelos quatro anos de bacharelado na Ebap e depois, isso é, de 1968 em diante. Foi em um jantar em Washington, DC, onde se reuniram seus colegas alunos do doutorado e, na condição de brasileiros, alguns alunos mestrandos, entre os quais eu me encontrava.

Sentado em uma confortável poltrona, calçando sandálias franciscanas, Guerreiro Ramos, qual afamado guru indiano, falou aos embevecidos alunos que o circundavam abaixo, sentados de pernas cruzadas no chão atapetado. Com a displicência comum ou conve-

Guerreiro Ramos: a inspiração para a contextualização...   93

niente ao intelectual despegado das coisas irrelevantes, deixava as cinzas do inseparável charuto cair sobre o peito. Este, estando protegido por camiseta branca, à qual se sobrepunha camisa simples, com boa parte dos botões superiores abertos de forma desleixada, que encimava honesta barriga. Sua figura baiana era inegavelmente cativante, potencializada por suas análises críticas de acurada inteligência e originalidade densamente referenciada.

A essas lembranças de sua imponente presença se soma o mais profundo sentimento de admiração e respeito pela figura intelectual de Guerreiro Ramos, formulador teórico reconhecido tanto no Brasil quanto nos Estados Unidos. Relembrá-lo e homenageá-lo permite manter não apenas sua fascinante memória e personalidade viva, mas, sobretudo, preservar seu valioso conhecimento empírico e teórico, em sua ainda viva relevância para o estudo da organização administrativa, do desenvolvimento dos sistemas sociais, da economia e de outros assuntos sociais importantes.

Seu legado pode e deve cumprir um papel motivador e inspirador para as novas gerações de pesquisadores, orientando-os em seus estudos para a solução dos problemas mais relevantes para a transformação e o desenvolvimento do Brasil.

REFERÊNCIAS

BACHARAC, M. The role of 'Versten' in economic theory. *Richerche Economich*, n. 43, p. 129-150, 1989.

BOGDAN, R.; TAYLOR, S. *Introduction to qualitative research methods*. Nova York: John Wiley & Sons, 1975.

CAVALCANTI, B. *O gerente equalizador*: estratégias de gestão no setor público. Rio de Janeiro: FGV, 2005.

HUMMEL, R. Stories managers tell: why they are as valid as science. *Public Administration Review*, n. 51(1) , p. 31-41, jan./feb. 1991.

GUERREIRO RAMOS, A. *A nova ciência das organizações*: uma reconceituação da riqueza das nações. Rio de Janeiro: Editora FGV, 1981.

_____. *A redução sociológica*. Rio de Janeiro: Tempo Brasileiro, 1965.

_____. *Administração e estratégia do desenvolvimento*: elementos de uma sociologia especial da administração. Rio de Janeiro: Editora FGV, 1966.

RAMOS, S. *El perfil del hombre y la cultura en México*. México: Pedro Robredo, 1951. [originalmente publicado em 1934].

WEICK, K. Organizational redesign as improvisation. In: HUGER, G. P.; GLICK, W. H. *Organizational change and redesign*: ideas and insights for improving performance. Nova York: Oxford University Press, 1995.

Guerreiro Ramos e Karl Popper:
a sociologia e a questão metodológica

EDISON BARIANI[*]

UMAS DAS GRANDES CONTRIBUIÇÕES de Guerreiro Ramos[1] é a teoria da interpretação da sociedade brasileira, uma teoria sociológica que não descuida de uma ontologia e que tem nas passagens sobre o nacionalismo alguns momentos privilegiados, malgrado a marginalização da temática nacional atualmente.

O nacionalismo é apresentado pelo autor, mormente em *O problema nacional do Brasil* (1960), como a forma autêntica – naquela fase histórica – de vivenciar a *realidade brasileira*. Como, entretanto, o autor define conceitual e metodologicamente a realidade brasileira? Obviamente, se a tomasse – como era de seu feitio – como algo dinâmico, relacional, histórico e em constante mutação, não poderia ser definida de modo simplesmente descritivo; por outro lado, defini-la formalmente seria cair na própria armadilha para a qual alertava: dissipar a especificidade complexa que justificaria a necessidade do conceito. Em suas decisões metodológicas, o autor se aproximará das considerações de Karl Popper.[2]

---

[*] Doutor em sociologia pela Universidade Estadual Paulista Júlio de Mesquita Filho. Professor da Faculdade Santa Rita (Fasar) de Novo Horizonte (SP), da Faculdade de Itápolis (Facita, SP) e do Imes (Catanduva).

1. Alberto Guerreiro Ramos (1915-82), sociólogo brasileiro, autor de obras como: *Introdução crítica à sociologia brasileira*, *Cartilha brasileira do aprendiz de sociólogo*, *O problema nacional do Brasil*, *Mito e verdade da revolução brasileira*, *A crise de poder no Brasil*, *A redução sociológica*, *A nova ciência das organizações*, entre outras.

2. Guerreiro Ramos conhecia K. Popper, tendo citado o filósofo em ao menos duas ocasiões, na epígrafe de "A modernização em nova perspectiva" e em *A nova ciência das organizações*; entretanto, nada nos autoriza a inferir que tais analogias entre seu pensamento e o do filósofo austríaco sejam pautadas pela motivação consciente ou busca de inspiração ou influência voluntárias, configurando-se mais como uma

O esforço de Guerreiro Ramos (1960:85) principia por considerar "a realidade brasileira como fenômeno total, na acepção de Mauss, isto é, com um todo cujos caracteres se apresentam, não só no conjunto, como em cada uma de suas partes, variando apenas de escala, de uma para outra".[3]

Ao investigar os fatos da vida social – afirma ele –, dever-se-ia ter em vista que "a coleta de fatos não tem sentido se não for orientada pelo *ponto de vista da totalidade*, por um *a priori*" (Guerreiro Ramos, 1960:82; grifos nossos), pois os caracteres impressos nas variadas partes só adquiririam sentido quando relacionados com o todo; sem a noção anterior do todo, as diferentes partes seriam esvaziadas do sentido completo que conteriam em gérmen, nas palavras do autor, "em escala". Assim, afirma que "a *teoria global de uma sociedade* é o requisito prévio para a compreensão de suas partes" (Guerreiro Ramos, 1960:83).

Precipita-se então na contramão da posição hegemônica na sociologia brasileira do período (e daí em diante), que afirma a necessidade de estudos empíricos (particulares) como subsídios para uma análise mais generalizadora da sociedade brasileira, compondo o todo por meio de um mosaico de partes relativamente avulsas. A posição guerreiriana – nítida em suas propostas apresentadas ao II Congresso Latino-Americano de Sociologia (1953) – pleiteia uma dialética entre as partes (e entre estas e o todo), cujo princípio se funda em tomar as próprias partes como emanações do todo; tais unidades não teriam – primariamente – conteúdo/forma autônomos, isolados em si, sua própria existência parcial já acusaria a influência da totalidade, que teria posição preponderante. Desse modo, a dialética não avançaria

---

aproximação involuntária a partir de preocupações críticas comuns quanto à ciência praticada no século XX.

3. Embora – na ocasião – mencione somente Marcel Mauss, Guerreiro Ramos busca fundamentar tal concepção também na sociologia de orientação fenomenológica (Jules Monerot, Georges Gurvitch etc.), bem como nas anteriores elaborações monográficas organicistas de F. Le Play (filtrado pelas influências de Sílvio Romero e Oliveira Vianna) – para o qual o corpo social (tomado como organismo) teria, inscritos em suas 'células', os caracteres gerais da sociedade (Rodríguéz, 2006).

simplesmente do particular ao geral, da análise à síntese, do empírico à construção abstrata mais complexa; demandaria uma noção "anterior" do geral que orientaria a própria apreensão dos aspectos particulares, culminando numa generalização mais elaborada, numa totalidade "superior".

Com essa "totalidade *a priori*" seria possível não somente ir às partes com certo respaldo teórico, a partir dela poder-se-ia delimitar uma perspectiva como ponto de partida, já que a assunção de um lugar social delimitado histórica e socialmente seria essencial para se atingir a compreensão profunda do todo, e nem todos os lugares sociais – tomados como pontos de vista – seriam adequados para alcançar uma visão abrangente. Para a *compreensão global de nossa sociedade* "Não deveríamos partir para estudos de pormenor antes de termos consciência crítica da realidade social do país. *Aqui também é a visão do todo que condiciona a compreensão das partes*" (Guerreiro Ramos, 1960:85; grifos nossos).

Tal visão já havia sido ventilada em 1953, quando apresenta teses ao II Congresso Latino-Americano de Sociologia, realizado no Rio de Janeiro e em São Paulo (em 1953), e critica as pesquisas sobre "minudências" da vida social e a reconstrução empírica como forma de abordar a totalidade. Seria mister então a "formulação de interpretações genéricas dos aspectos global e parciais das estruturas nacionais e regionais" (item 4), que contribuiriam decisivamente para promover o conhecimento da estrutura social, capacitando a implementação de políticas de caráter planificador que melhor nos conduziriam à industrialização e ao desenvolvimento, pois estaria "a melhoria das condições de vida das populações [...] condicionada ao desenvolvimento industrial das estruturas nacionais e regionais" (item 5) (Guerreiro Ramos, 1957:78). Dada a prioridade, há um evidente repúdio aos estudos sobre "minudências da vida social" (item 4), isto é, estudos basicamente empiricistas; logo, a "consciência crítica da realidade social do país" deveria ser buscada a partir de uma noção "apriorística" da totalidade.

De outro lado, os principais empecilhos teóricos para a compreensão geral da realidade nacional seriam o "empirismo", que insistiria em privilegiar a parte em detrimento do todo, e o "dogmatismo", que afirmaria aspectos estáticos contra a fluidez dos fenômenos e promoveria ainda "a interpretação da realidade social em termos da preponderância sistemática de um determinado fator, seja a raça, seja o clima ou outra condição geográfica, seja a economia, seja a cultura, seja a alma ou o caráter nacional, ou de outro qualquer fato" (Guerreiro Ramos, 1960:83).[4]

Apresentado o método, persiste o problema: como dar conteúdo à forma da "realidade nacional"? Guerreiro Ramos utiliza um expediente curioso: identificando um "cisma" na vida brasileira, a existência de duas sociedades – "uma velha, com todos os seus compromissos com o passado, outra recente, implicando novo estilo de vida ainda por criar ou apenas ensaiado em círculos de vanguarda" (Guerreiro Ramos, 1960:87) – e procede à definição da velha sociedade em função da nova, numa atitude de negação. Justifica-se: "Nessas condições, a descrição sumária a que vou proceder, embora se caracterize pelo que nega, postula o seu contrário. Esse contrário é o nosso projeto, em função do qual avaliamos a presente circunstância brasileira" (Guerreiro Ramos, 1960:88).[5] O descritivo, o analítico, o sintético e o normativo se articulam como recursos epistemologicamente complementares.

Expõe, então, um estudo "tipológico", no qual figuram as seguintes "categorias compreensivas" que representariam a espinha dorsal da velha sociedade: dualidade, heteronomia, amorfismo, alienação e autenticidade.[6]

---

4. Georges Gurvitch (1953) – forte influência sobre as formulações teóricas de Guerreiro Ramos – já havia se insurgido contra esse tipo de procedimento "dogmático", de um determinismo monocausal; todavia, outro autor caro a Guerreiro, Sílvio Romero, já havia empreendido, muito antes, tal crítica.

5. A referência aqui é notoriamente a obra de Alberto Torres, pelo qual nutria imensa admiração. O livro de Guerreiro (*O problema nacional do Brasil*) alude a *O problema nacional brasileiro*, de Torres (1982a, 1982b), no qual este – de modo semelhante – define a realidade nacional de modo "negativo", pelo que lhe falta, pelo que deveria tornar-se e não pelo que era naquele momento.

6. 1) *dualidade*: a coexistência inevitável numa mesma fase cultural de diferentes tempos históricos e – consequentemente – de diferentes formas de existência numa mesma

Nesse sentido, Guerreiro Ramos se opôs aos paradigmas da sociologia brasileira e ao conjunto hegemônico de autores, que propugnava pela sociologia como ciência empírica e indutiva, distanciada da influência filosófica e cujas formas de prova e verificação deveriam tomar como instrumentos a comprovação empírica em termos de saber técnico e aplicado, elaborando uma explicação da sociedade brasileira em termos da construção de um painel de elementos particulares que comporiam a totalidade, de modo que o conhecimento sobre tal sociedade deveria ser conduzido na forma de estudos de problemas particulares e, numa etapa posterior, reuni-los numa visão geral.

Curiosamente, a posição de Guerreiro Ramos se assemelhava em vários aspectos às formulações de Karl Popper.[7]

A seu modo, Guerreiro Ramos aproximava-se de concepções popperianas, a saber:

1. Conhecia os limites da descrição e da indução para aventar hipóteses e construir conceitos;

---

realidade; 2) *heteronomia*: incapacidade de induzir critérios da realidade nacional, submetendo-se a um processo mimético de adesão a valores e condutas de centros culturais e tecnológicos de maior prestígio; 3) *alienação*: antônimo de autodeterminação, fenômeno pelo qual a sociedade é "induzida a ver-se conforme uma ótica que não lhe é própria, modelando-se conforme uma imagem de que não é o sujeito"; 4) *amorfismo*: falta de formas que organizem a vivência social, que lhe deem "antecedentes e consequentes", evoluindo assim a sociedade não "pela mediação de forma a forma, mas por improvisos, em que tudo começa sem antecedentes"; 5) *inautenticidade*: existência social falsificada ou perdida em mera aparência, que não reflete a apropriação pelo sujeito do próprio ser social (Ramos, 1960:88-97).

7. Karl Raimund Popper (Viena, 28 de julho de 1902 – Londres, 17 de setembro de 1994). Livros traduzidos para o português: *A sociedade aberta e seus inimigos, Conhecimento objetivo: uma abordagem evolucionária, A lógica da pesquisa científica, O realismo e o objetivo da ciência* (primeiro volume do pós-escrito à *Lógica da descoberta científica*), *O universo aberto – argumentos a favor do indeterminismo* (segundo volume à *Lógica da descoberta científica*), *A teoria dos quanta e o cisma na física* (terceiro volume do pós-escrito à *Lógica da descoberta científica*), *Conjecturas e refutações (O progresso do conhecimento científico), Em busca de um mundo melhor, Um mundo de propensões, O racionalismo crítico na política, Televisão: um perigo para a democracia, Autobiografia intelectual, O eu e seu cérebro, Sociedade aberta, universo aberto, A miséria do historicismo, Os dois problemas fundamentais da teoria do conhecimento*.

2. Desconfiava da indução como procedimento lógico e, embora percebesse a sociologia como ciência indutiva, não tomava a indução como forma prioritária de criação conceitual ou criação de hipóteses;
3. Não aceitava o paradigma indutivo e empiricista como forma de corte epistemológico entre a sociologia interpretativa a partir do século XIX e início do XX e a sociologia acadêmica, profissional e cientificista da universidade;
4. Também não tomava como critério de demarcação científica o simples procedimento metodológico, a correção indutiva ou a validade empírica e, embora não usasse a ideia de falseabilidade, tomava como critério de cientificidade a possibilidade de entendimento da realidade social conforme uma práxis transformadora que não estava submetida aos critérios técnicos de validação do conhecimento;
5. Não via o empirismo como modelo em si da ciência, desconfiava da naturalização dos fatos e dados sociais, ridicularizando as ideias de se colher dados e fatos na realidade como se colhem objetos num cesto;
6. Propugnava a necessidade de, ao se recolher fatos empiricamente, ter o cuidado de ter hipóteses preliminares e mesmo uma teoria de como tais fatos são construídos e recolhidos;
7. Percebia a importância do empirismo na consideração da veracidade das conclusões a partir de hipóteses, mas não considerava possível a exata reconstrução e previsibilidade no campo social, bem como não tomava a comprovação de hipóteses a partir de uma pretensa resposta aos experimentos técnicos ou cálculos de previsões;
8. A despeito do critério de demarcação e cientificidade, Guerreiro Ramos não desdenhava do conhecimento que não era necessariamente científico, daí seu interesse pela literatura;
9. Valorizava a tradição científica (e de ideias) sem necessariamente tomá-la como cumulativa;
10. Como Popper, postulava uma sociedade aberta e uma história que não contivesse um sentido imanente e necessário;
11. Admirava o pluralismo, seja em termos científicos, seja em termos políticos;

12. Valorizava a crítica às formulações anteriores no sentido de negação e superação da ciência instituída;
13. Valorizava o debate franco e aberto como forma de avanço científico;
14. Ambos tiveram período de fascínio pelo marxismo e tornaram-se críticos severos dessa abordagem, sem desconsiderar os ganhos que proporcionou;
15. Consideravam a dialética como instrumento e possibilidade de auferir conhecimento, mas tinham visões peculiares de como ela operaria: Popper considerando o movimento, a transformação e relegando a contradição do ponto de vista lógico; e Guerreiro Ramos pensando no formalismo e na conciliação possível, na não necessidade de uma síntese que contivesse os opostos em termos de superação, esvaziando e formatando as oposições, uma "dialética da ambiguidade".

REFERÊNCIAS

ANDREWS, C. W. Revisiting Guerreiro Ramos' *The new science of organizations* through habermasian lenses: a critical tribute. *Administrative Theory & Praxis*, v. 22, n. 2, p. 246-72, 2000.

AZEVEDO, A. *A sociologia antropocêntrica de Alberto Guerreiro Ramos*. Tese (doutorado em sociologia política) – Universidade Federal de Santa Catarina, Florianópolis, 2006.

_____; ALBERNAZ, R. *A redução sociológica em status nascendi*: os estudos literários de Guerreiro Ramos publicados na revista *Cultura Política*. jul. 2014. Disponível em: <www.humanas.ufpr.br/site/evento/SociologiaPolitica/GTs--ONLINE/GT6%20online/EixoIV/reducao-sociologica-Ariston-Azevedo.pdf>.

FERNANDES, F. *A etnologia e a sociologia no Brasil*: ensaios sobre aspectos da formação e do desenvolvimento das ciências sociais na sociedade brasileira. São Paulo: Anhambi, 1958

_____. *A sociologia no Brasil*: contribuição para o estudo de sua formação e desenvolvimento. Petrópolis: Vozes, 1977.

_____. *Fundamentos empíricos da explicação sociológica*. 2. ed. São Paulo: Companhia Editora Nacional, 1967.

FERREIRA, R. M. *Popper e os dilemas da sociologia*. São Paulo: Annablume, 2008.

GUERREIRO RAMOS, A. *A crise do poder no Brasil*: problemas da revolução nacional brasileira. Rio de Janeiro: Zahar, 1961.

____. *A redução sociológica*. 3. ed. Rio de Janeiro: Editora da UFRJ, 1996.

____. A modernização em nova perspectiva: em busca do modelo da possibilidade. *Revista de Administração Pública*, Rio de Janeiro, n. 2, p. 7-44, 2. sem. 1967.

____. *Administração e estratégia do desenvolvimento*: elementos de uma sociologia especial da administração. Rio de Janeiro: Editora da FGV, 1966.

____. *Introdução crítica à sociologia brasileira*. Rio de Janeiro: Andes, 1957.

____. *Mito e verdade da revolução brasileira*. Rio de Janeiro: Zahar, 1963.

____. *O problema nacional do Brasil*. Rio de Janeiro: Saga, 1960.

____. *O processo da sociologia no Brasil*: esquema de uma história das ideias. Rio de Janeiro: 1953.

____. *Uma introdução ao histórico da organização racional do trabalho*: ensaio de sociologia do conhecimento. Tese (apresentada em 1949 ao concurso para provimento em cargo da carreira de técnico em administração do quadro permanente do Departamento Administrativo do Serviço Público – Dasp), Dasp, Rio de Janeiro, Departamento de Imprensa Nacional, 1950.

GURVITCH, G. *La vocación actual de la sociología*: hacia una sociología diferencial. México: Fondo de Cultura Económica, 1953.

MAGEE, B. *As ideias de Popper*. 3. ed. São Paulo: Cultrix, 1979.

OLIVEIRA, P. E. *Da ética à ciência*: uma nova leitura de Karl Popper. São Paulo: Paulus, 2011.

PELUSO, L. A. *A filosofia de Karl Popper*: epistemologia e racionalismo crítico. Campinas: Papirus, 1995.

POPPER, K. *A lógica da pesquisa científica*. Tradução de Leonidas Hegenberg e Octanny Silveira da Mota. São Paulo: Cultrix, 2007.

____. *Autobiografia intelectual*. São Paulo: Cultrix, 1977.

____. *Conhecimento objetivo*. Tradução de Milton Amado. Belo Horizonte: Itatiaia, 1975.

____. *Conjecturas e refutações*: o progresso do conhecimento científico. Tradução de Sérgio Bath. Brasília: Editora da UnB, 1982.

____. *Escritos selectos*. Compilação de David Miller. México: Fondo de Cultura Económica, 1995.

____. *Os dois problemas fundamentais da teoria do conhecimento*. São Paulo: Editora Unes, 2013.

RAPHAEL, F. *Popper*: o historicismo e sua miséria. São Paulo: Editora Unesp, 2000.

TORRES, A. *A organização nacional*: primeira parte, a Constituição. 4. ed. São Paulo: Editora Nacional; Brasília: Editora da UnB, 1982a. (Temas brasileiros, 39).

____. *O problema nacional brasileiro*: introdução a um programa de organização nacional. 4. ed. São Paulo: Editora Nacional; Brasília: Editora da UnB, 1982b. (Temas brasileiros, 38).

PARTE II

Teoria crítica e política paraeconômica

Alberto Guerreiro Ramos:
um homem parentético

PAULO EMÍLIO MATOS MARTINS*

PERTENCENTE A UMA GERAÇÃO que se iniciou na vida intelectual por meio da poesia, Alberto Guerreiro Ramos (Santo Amaro da Purificação, BA, 13 de setembro de 1915 – Los Angeles, EUA, 6 de abril de 1982) foi poeta, professor, sociólogo, pensador e homem público. Para o autor destas linhas, o mais lúcido e criativo formulador de teoria dos estudos organizacionais, pioneiro da reflexão crítica desse campo e na utilização do pensamento social e das interpretações do Brasil como referência teórica na análise administrativa.

Ainda que os primeiros ensaios poéticos desse escritor baiano não tenham alcançado a mesma relevância que suas teoria sociológica e reflexão sobre as organizações iriam revelar anos mais tarde, *O drama de ser dois* (1937) – coletânea de poesias e livro inaugural de Guerreiro Ramos – reúne 12 poemas da juventude em um pequeno opúsculo de 45 páginas, provavelmente publicado pelo próprio poeta estreante. Texto revelador da forte influência de sua educação católica sob a orientação do frei dominicano Béda Kerkaiser – como nos informa Ariston Azevêdo (2014:42) –, essa publicação registra o início de uma crise de fé que, mais tarde, o afastaria definitivamente de uma visão espiritualizada da vida.

Em *O drama de ser dois* não desponta o mesmo dom que consagrou pelos tempos o canto do mitológico Orfeu e que já se anunciava nos primeiros ensaios poéticos de outros vates da literatura brasileira

---

* Professor do Programa de Pós-Graduação em Administração (PPGAd) e coordenador do Núcleo de Estudos de Administração Brasileira (Abras) da Universidade Federal Fluminense (UFF). Ex-professor titular da Escola Brasileira de Administração Pública e de Empresas da Fundação Getulio Vargas (Ebape/FGV).

– contemporâneos do futuro sociólogo – como Carlos Drummond de Andrade (Itabira, MG, 1902 – Rio de Janeiro, RJ, 1987), Vinicius de Moraes (Rio de Janeiro, RJ, 1913 – Rio de Janeiro, RJ, 1980) e João Cabral de Melo Neto (Recife, PE, 1920 – Rio de Janeiro, RJ, 1999), só para citar alguns entre os mais lembrados.

É, entretanto, muito curioso o caráter "profético" dessa obra inaugural, quando posta *vis-à-vis* a trajetória de vida de seu autor e, até certo ponto, as ideias centrais de sua contribuição teórica nos campos da sociologia, dos estudos organizacionais e da administração pública.

O aprendiz de poesia que se fez sociólogo

O meu canto é um canto de rebeldia.
(Guerreiro Ramos, 1937:7)

O meu canto é um canto novo.
É um canto de alegria espiritual.
É um canto sem rima.
É um canto sem metro.
Um canto que não encanta.
(Guerreiro Ramos, 1937:9)

Gosto do silêncio ontológico da noite.
(Guerreiro Ramos, 1937:21)

A visão do poeta baiano, então iniciante, revela o desencanto com a sua própria expressão poética:

O meu canto é [...]
Um canto que não encanta. [Guerreiro Ramos, 1937:9]

Carregada de um sentimento de culpa – derivado, provavelmente, de sua formação católica mesclada à influência pelo pensamento existencialista das primeiras leituras –, a poética dessa única obra conhecida do autor no gênero não revela uma linguagem original; tampouco uma procura que anuncie novos caminhos na arte da metaforização e do jogo com as palavras. Por outro lado, esses poemas confessionais desenham um esboço bastante claro do pensador em conflito com seu mundo, preocupado com o destino do ser e, particularmente, com a visão que tem de si próprio no universo social e sua condição de afrodescendente, oriundo da classe social menos favorecida em uma sociedade com uma forma muito singular e velada de discriminação, em um país de grandes desigualdades sociais e numa academia predominantemente branca, formada pelos extratos mais elevados e impoderados de sua pirâmide social.

Talvez, o poeta baiano iniciante tenha cantado nesses poemas da juventude sua *ninguendade* (Ribeiro, 1995a:97) – segundo o rico neologismo cunhado por Darcy Ribeiro: "Nós brasileiros somos um povo em ser, impedidos de sê-lo" (Ribeiro, 1995a:447) – ou, como Guerreiro diria mais tarde (já residente nos Estados Unidos): um ser *in-betweenness* (Ventriss e Candler, 2005:348).

É sobretudo desse fora do mundo; em conflito com esse deslocamento social; do ex-menino pobre vivendo entre ricos; do jovem intelectual autodidata numa elite formada nas melhores universidades das metrópoles; do descendente de ex-escravos distribuindo seu saber na academia dos seus ex-senhores; do ex-coroinha católico de uma cidade interiorana do Nordeste brasileiro vivendo no universo individualista da cidade grande, que emerge a lírica do poeta de Santo Amaro ou, como ele próprio cantou:

Que heroísmo exijo de mim
Para viver entre eles! [Ramos, 1937:24]

Mas é também presente na obra inaugural de Ramos aquilo que está literalmente ligado à tradição dos antigos vates: o dom da premonição ou do vaticínio, como analisaremos mais adiante.

O poeta de *O drama de ser dois*, depois bacharel em ciências sociais (1942) e em direito (1943) pela antiga Universidade do Brasil, encerra sua breve fase poética e inicia-se na sociologia. Posteriormente, torna-se – por concurso público – técnico em administração do extinto Departamento de Administração do Serviço Público (Dasp); professor e pesquisador em importantes instituições de ensino superior do Distrito Federal (Instituto Brasileiro de Economia, Sociologia e Política – Ibesp, Instituto Superior de Estudos Brasileiros – Iseb; Escola de Administração Pública – Ebap da Fundação Getulio Vargas – FGV); ativista político na luta pela igualdade dos direitos civis (Teatro Experimental do Negro – TEN); colunista, articulista e polemista em diversos periódicos; e, já nos derradeiros anos de residência em seu país natal, deputado federal pelo Partido Trabalhista Brasileiro (PTB) do extinto estado da Guanabara, cassado pelo Ato Institucional nº 1 da ditadura civil-militar de 1964.

Dessa fase do polêmico pensador e professor de sociologia e administração pública ficou o legado de uma rica reflexão sobre a sociedade brasileira, seus dilemas e desafios, o trabalho e a proposição de um método: *A redução sociológica*, para o estudo dessa sociedade e de suas congêneres periféricas, bem como seu pioneirismo na construção da disciplina sociologia das organizações. Entre estes trabalhos, com destaque especial para a já citada *A redução sociológica (introdução ao estudo da razão sociológica)*, de 1958, incluem-se ainda: uma *Introdução ao histórico da organização racional do trabalho*, de 1949; *A sociologia industrial: formação, tendências atuais*, de 1952; *Introdução crítica à sociologia brasileira*, de 1957; *A crise do poder no Brasil (problemas da revolução nacional brasileira)*, de 1961; *Mito e verdade da revolução brasileira*, de 1963; *Administração e estratégia de desenvolvimento – elementos de uma sociologia especial de administração*, de 1966; *Sociologia e a teoria das organizações – um estudo supra partidário*, de 1983; *Administração e contexto brasileiro – esboço de uma teoria geral da administração*, de 1983, abrangendo cerca de 140 referências, entre livros, artigos, colunas em jornais, conferências ministradas em eventos realizados no Brasil e no exterior, além de 71 projetos e pronunciamentos feitos à Câmara de Deputados (nos sete meses em que permaneceu como deputado federal).[1]

---

1. Dados levantados a partir de Costa, 1982.

O professor desterrado

> Minha pátria não é esta.
> Eu a deixei há muito tempo.
> Eu sinto a nostalgia de minha pátria.
> (Ramos, 1937:45)

Cassados os seus direitos políticos pelo autoritarismo do golpe civil-militar de 1964, Guerreiro Ramos é forçado a deixar sua terra natal em 1967 e buscar asilo na University of Southern California (USC), em Los Angeles, nos Estados Unidos, inicialmente como professor visitante e, em seguida, como membro do corpo docente permanente da antiga School of Public Administration daquela universidade. Realizava-se, assim, uma das visões proféticas do seu livro de poemas da juventude:

As vozes da cidade
Me fazem sentir
A nostalgia da pátria
De onde eu rolei,
Pecando... [Guerreiro Ramos, 1937:31]

Minha pátria não é esta.
Eu a deixei há muito tempo.
Eu sinto a nostalgia de minha pátria.
Eu tenho saudade de minha pátria. [Guerreiro Ramos, 1937:45]

O poeta aprendiz: um homem parentético (?)

> A todos os homens que se procuram.
> (Guerreiro Ramos, 1937:5)

Na dedicatória (epígrafe acima) de seu livro de poesias *O drama de ser dois*, o autor realiza o que, para mim, é a melhor síntese do seu *homem parentético*, cuja primeira divulgação fez-se no capítulo VI ("Homem organização e homem parentético") do seu já citado trabalho: *Mito e verdade da revolução brasileira* (1963). Em trabalho posterior, apresentado à Conferência Anual da American Society for Public Administration (Aspa), realizada em Denver, Colorado, EUA, em 1971, publicado nesse mesmo ano no *Journal of Human Relations*, o autor volta ao tema com o título: "*The parenthetical man* [o homem parentético]", traduzido para o português por Tânia Fischer e Mafalda Elizabeth Schimid e publicado na *Revista de Administração Pública* (abr./jun. 1984) da FGV, com o título "Modelos de homem e teoria administrativa".

Nessa importante reflexão sobre o perfil e a atitude do homem em uma nova sociedade, então emergindo, e que iria suceder, na visão do autor, as organizações centradas no mercado, Guerreiro Ramos constrói o elo de toda a sua contribuição teórica para os estudos organizacionais: o seu *homem parentético,* isto é, aquele que orienta suas ações/inações com base na racionalidade que Mannheim (1940) denomina *substantiva* e que Voegelin (1963) chama *noética,* em substituição à racionalidade *pragmática* ou *instrumental* dos pioneiros da teoria administrativa, já presente em *A redução sociológica,* de 1958, e que irá nortear, também, a ontologia de sua obra mais importante e terminal: *The new science of organizations: a reconceptualization of the wealth of nations,* de 1981, publicada no Brasil pela Editora FGV nesse mesmo ano com o título: *A nova ciência das organizações: uma reconceituação da riqueza das nações.*

É muito curioso que, quando da proposição do seu *homem parentético* (Guerreiro Ramos, 1963), na obra antes mencionada, Guerreiro Ramos não faz qualquer menção à ideia de "suspensão", de "estar entre parênteses" ou a *epoché* de Husserl, conceitos centrais do livro *Ideen* [Ideias], de 1913, desse matemático e filósofo nascido na Morávia (antigo Império Austro-Húngaro e região da atual República Checa). Essa curiosidade é ainda mais intrigante pelo fato de que, como informam seus biógrafos e contemporâneos, Ramos era um intelectual bem informado, de vasta cultura geral, conhecedor dos clássicos da filosofia europeia, de extensa bibliografia, e que havia aprendido a ler na língua de Goethe com seu mestre dominicano da juventude na Bahia.

Por outro lado, esse aparente esquecimento de uma referência teórica fundamental para a construção do seu modelo do homem nas "sociedades industriais avançadas" – segundo sua visão – é sanado em textos seguintes, quando o pai da futura *Nova ciência das organizações* expande sua análise sobre a atitude e o perfil do ser que emerge na sociedade pós-organizacional[2] no trabalho "*The parenthetical man*", divulgado para a American Society for Public Administration (Aspa), em 1971, e publicado nesse mesmo ano no *Journal of Human Relations*, mais tarde também publicado pela *Revista de Administração Pública* da FGV, como já registramos. Nesse artigo, escrito e dado a conhecer na fase norte-americana de sua criação, o autor anota:

> De fato, o adjetivo "parentético" é derivado da noção de Husserl de "em suspensão" e "parênteses". Husserl faz uma distinção ente atitude crítica e natural. A primeira é aquela do homem "ajustado", desinteressado da racionalidade noética e aprisionado em seu imediatismo. A atitude crítica suspende ou coloca entre parênteses a crença no mundo comum, permitindo ao indivíduo alcançar um nível de pensamento conceitual e, portanto, de liberdade. [Guerreiro Ramos, 2003:7-8]

Nessa mesma linha de pensamento, o pai da fenomenologia (Husserl), ao postular os fundamentos da sua teoria, afirma que:

> Para estudar a estrutura da consciência, seria necessário distinguir entre o ato de consciência e o fenômeno ao qual ele é dirigido (o objeto-em-si, transcendente à consciência). O conhecimento das essências seria possível apenas se "colocamos entre parênteses" todos os pressupostos relativos à existência de um mundo externo. [...]. [Wikipedia, 2016]

E ainda: "A realidade mental e espiritual possui sua própria realidade independente de qualquer base física e [...] a ciência do

---

2. No sentido de White (1957).

espírito (*Geisteswissenschaft*) deve ser estabelecida sobre um fundamento tão científico como aquele alcançado pelas ciências naturais" (Wikipedia, 2016).

Essa ideia de "colocar-se entre parênteses" de Husserl é, de fato, o fundamento do homem parentético de Guerreiro Ramos e elo na cadeia de desenvolvimento do pensamento do poeta-sociólogo baiano, nas obras da trilogia (*A redução sociológica*, "O homem parentético", *A nova ciência das organizações*), e, como veremos a seguir, ela parece haver se manifestado inicialmente no canto do poeta estreante.

Com efeito, já no prefácio da segunda edição do livro que, provavelmente, daria mais notoriedade a Guerreiro Ramos: *A redução sociológica*, escrito em 1963, seu autor adverte:

> Podemos, no entanto, salientar três sentidos básicos da redução sociológica. Tais são:
> 1) Redução como método de assimilação crítica da produção sociológica estrangeira [...].
> 2) *Redução como atitude parentética*, isto é, como adestramento cultural do indivíduo, que o habilita a transcender, no limite do possível, os condicionamentos circunstanciais que conspiram contra a sua expressão livre e autônoma. [...].
> 3) Redução como superação da sociologia nos termos institucionais e universitários em que se encontra. [...]. [Guerreiro Ramos, 1965:15-16; grifos nossos]

Se imaginarmos que a vasta e fecunda obra sociológica do autor de *O drama de ser dois* circunscreve-se na trilogia mencionada, sendo *A redução sociológica* sua proposta metodológica; a "Delimitação dos Sistemas Sociais e a Paraeconomia" (*A nova ciência das organizações*) sua epistemologia, e "O homem parentético" sua ontologia, essa seria, como já sugerido, o elo da cadeia de toda essa criação teórica. Esse ponto, entretanto, será tema de outro trabalho em fase de conclusão e não será aqui analisado.

As cinco ideias que destacamos a seguir resumem o perfil do *homem parentético* de Guerreiro Ramos:

1. É um ser que reflete e, simultaneamente, reage às novas circunstâncias sociais das sociedades industriais avançadas ("diferenciação, entre o ego do ambiente externo e o ego do ambiente interno", de acordo com Lane (1966)). O que lhe possibilita perceber suas respectivas sociedades como arranjos precários.

2. É dotado da capacidade de excluir-se tanto do ambiente externo quanto do interno e, dessa forma, tem a competência para analisá-los com visão crítica. Para o autor, essa exclusão equivale à inclusão, a colocar o ambiente entre parênteses.

3. Aptidão para graduar o fluxo de vida diário, para analisá-lo e avaliá-lo como espectador.

4. Ser que tenta, deliberadamente, romper suas raízes ("é um estranho em seu próprio meio social"), para maximizar sua compreensão da vida.

5. "Os homens parentéticos prosperam quando termina o período de ingenuidade social. Por esta razão, o que Lane [1966] chama de "sociedade informada" é o ambiente natural do homem parentético" (Guerreiro Ramos, 1984:8).

Como podemos observar no quadro 1, construído a partir das ideias centrais das obras em análise, das cinco características que desenham o perfil do *homem parentético* de Ramos, quatro (n. 1 a n. 4) já estavam presentes nos poemas que integram *O drama de ser dois* do mesmo autor, escrito 26 anos antes da proposição do seu modelo de homem da *sociedade informada*.

Por outro lado, a característica n. 5 (ser que emerge da "sociedade informada"), único traço ausente na poética do pai do *homem parentético*, não poderia compor o perfil do homem das confissões poéticas nos anos de seu relato, quando o conceito de Lane ("sociedade informada") ainda não havia sido cunhado, tampouco, o jovem autor de *O drama de ser dois* vivia o contexto das "sociedades industriais avançadas".

114 Guerreiro Ramos

QUADRO 1 A intertextualidade de *O drama de ser dois* com "O homem parentético"

O HOMEM PARENTÉTICO	O DRAMA DE SER DOIS
	Ó homens de todas as nações, De todos os quilates, Ajoelhados diante dos fantasmas Criados por vossa própria soberba [Guerreiro Ramos, 1937:43]
Diferenciação, entre o ego do ambiente externo e o ego do ambiente interno.	Então formaremos Esta síntese humana Que é um NÓS Indissolúvel, Solidário, [...] Estaremos, Eu em ti, Tu em mim. Tão idênticos [...] Que seremos UM só. [Guerreiro Ramos, 1937:40]
Exclusão tanto do ambiente externo quanto do interno (colocar o ambiente entre parênteses).	Eu sou um peregrino do Absoluto Estrangeiro que passa No meio da balbúrdia da cidade. [Guerreiro Ramos, 1937:45] A todos os homens que se procuram. [Guerreiro Ramos, 1937:5] A minha alegria é triste. Porque me faz viver Entre a saudade do céu E a saudade do mundo. E eu vivo dilacerado Pelas contradições interiores De que sou vítima. [Guerreiro Ramos, 1937:14]

	Os homens preocupados Que nunca tiveram tempo De se perguntar Por que vivem E para que vivem. [Guerreiro Ramos, 1937:45]
Graduação do fluxo de vida diário, suas análise e avaliação, como espectador.	Esse eu que, às vezes, Quando consegue vencer Toda a rotina, Todas as taras, Todos os hábitos, Que me prendem como cadeias, Que me embaraçam, Impossibilitando-me de ser. [Guerreiro Ramos, 1937:26]
Rompimento com as suas raízes (ser estranho em seu próprio meio social). Maximização da sua compreensão da vida.	Eu sou um peregrino do Absoluto Estrangeiro que passa No meio da balbúrdia da cidade. [Guerreiro Ramos, 1937:45] E eu sinto que não me ajusto Aos quadros deste mundo. [Guerreiro Ramos, 1937:14] Como um Prometeu. Quero criar-me a mim mesmo. [Guerreiro Ramos, 1937:28]
Ser que emerge da "sociedade informada".	Ausente

Fonte: Elaboração do autor.

Considerações finais

Como conclusão à breve análise aqui esboçada, podemos constatar a qualidade premonitória dos poemas inaugurais de um poeta que não se deu e do pensador que, em sua imagem de *homem parentético* – central em sua obra sociológica –, como vimos, de algum modo se autorretrata.

Em um trabalho anterior (Martins, 2014) analisando a intertextualidade dos discursos de Guerreiro Ramos, em seu "O homem parentético", e de Bolívar Echevería (2010), em seu *Homo legens*, pudemos afirmar que, na essência, esses dois modelos de homem, não prototípicos, mas históricos, convergem precisamente na qualidade de produtos dos novos tempos da *"knowledgeable society"* (sociedade informada) de Lane. Dito de outro modo, no contexto da revolução da microeletrônica e da sociedade dita do conhecimento digital em meio às grandes transformações sociais por que passa a humanidade nos dias atuais.

Assim, mais do que antever em seus poemas da juventude alguns percalços de sua própria história de vida, Guerreiro Ramos constrói no seu *homem parentético* o elo de suas propostas teóricas posteriores; o ser dos desafiadores tempos em que ora vivemos e, como já referido e registrado na dedicatória de seu livro de poemas, os "homens que se procuram" (Guerreiro Ramos, 1937:5) de nossa sociedade global.

REFERÊNCIAS

AZEVÊDO, A. Entrevista. In: CAVALCANTI, B.; DUZERT, Y.; MARQUES, E. *Guerreiro Ramos*: coletânea de depoimentos. Rio de Janeiro: Editora FGV, 2014. p. 31-48.

ECHEVERÍA, B. *Vuelta de siglo*. México, DF: Era, 2010.

LANE, R. E. The decline of politics and ideology in a knowledgeble society. *American Sociological Journal*, v. 31, n. 5, p. 649-662, out. 1966.

COSTA, F. L. da. *Simpósio Guerreiro Ramos*: resgatando uma obra (levantamento bibliográfico). Rio de Janeiro: Ebap/FGV, 1982.

GUERREIRO RAMOS, A. *A nova ciência das organizações*: uma reconceituação da riqueza das nações. Tradução de Mary Cardoso. Rio de Janeiro: Editora FGV, 1981.

_____. *A redução sociológica*: introdução ao estudo da razão sociológica. 2. ed. Rio de Janeiro: Tempo Brasileiro, 1965.

_____. *Mito e verdade da revolução brasileira*. Rio de Janeiro: Zahar, 1963.

_____. Modelos de homem e teoria administrativa. In: MARTINS, Paulo Emílio Matos (Org.). *Clássicos da Revista de Administração Pública – RAP* (CD ROM). Rio de Janeiro: Programa de Estudos de Administração Brasileira – Abras/Ebape/FGV, 2003. [Originalmente publicado pela *Revista de Administração Pública*, v. 18, n. 2, p. 3-12, abr./jun. 1984].

_____. *O drama de ser dois*. Salvador: 1937.

MANNHEIM, K. *Man and society in a age of reconstruction*. Nova York: Harcourt, Brace & World, 1940.

MARTINS, P. E. M. *El hombre, el 'espacio-dinámica organizacional' y la sociedad informada*: un diálogo entre Guerreiro Ramos y Bolívar Echeverría. Conferencia Magistral del II Encuentro Internacional: La Administración y el Pensamiento Social Latinoamericano. Quito: Universidad Andina Simón Bolívar (Uasb); Escuela Politécnica Nacional (EPN), 26 a 28 mar. 2014.

RIBEIRO, D. *O Brasil como problema*. Rio de Janeiro: Francisco Alves, 1995a.

_____. *O povo brasileiro*: a formação e o sentido do Brasil. São Paulo: Companhia das Letras, 1995b.

VENTRISS, C.; CANDLER, G. G. Alberto Guerreiro Ramos, 20 years later: a new science still unrealized in a era of public cynicism and theoretical ambivalence. *Public Administration Review*, v. 65, n. 3, p. 347-359, maio/jun. 2005.

VOEGELIN, E. Industrial society: in search of reason. In: ARON, R. (Ed.). *World Technology and Human Destiny*. Ann Arbor: The University of Michigan Press, 1963. p. 178-190.

WHITE JR., W. H. *The organization man*. Garden City: Doubleday, 1957.

WIKIPEDIA. *Edmund Husserl*. Disponível em: <https://pt.wikipedia.org/wiki/Edmund_Husserl>. Acesso em: 21 jun. 2016.

Teoria da delimitação dos sistemas sociais

WILSON PIZZA JUNIOR*

EM SEU ÚLTIMO LIVRO, *A nova ciência das organizações: uma reconceituação da riqueza das nações*, editado em português pela Fundação Getulio Vargas, Alberto Guerreiro Ramos propõe, em última análise, que não deve haver um sistema social que subordina todos os demais aos seus imperativos. Referia-se o renomado cientista social, falecido em Los Angeles em 6 de abril de 1982, especificamente ao predomínio da economia de mercado nas relações políticas e sociais, e propugnava uma nova ciência das organizações como forma de estabelecer-lhe os limites (Guerreiro Ramos, 1981). Tentaremos, nas linhas que se seguem, apresentar um resumo ilustrativo das condições básicas dessa proposta e acrescentar alguns comentários a respeito da situação atual do nosso país.

A sociedade ocidental, como a conhecemos, deriva da tradição grega, acrescida da contribuição judaico-cristã. Dos povos helênicos herdamos o amor pelo conhecimento e a organização política, conforme estabelecida na *polis*, a cidade-estado. Recebemos também dos gregos uma visão de mundo transcendental, isto é, apoiada em uma atitude cósmica na qual o homem tinha que inserir-se, e, para tanto, tentar compreender. Em termos práticos, significa que a natureza (em sentido amplo) tinha que ser entendida para que o ser humano nela pudesse integrar-se, aí incluídas as instituições criadas para permitir a vida no mundo terreno, do ponto de vista pessoal e político. Nesse contexto, os sistemas sociais são tratados de forma a não permitir prevalência de nenhum sobre os demais, salvo em condições excepcionais (guerra, fome, epidemias). Dizendo de outra forma: a regulação política era a garantia de que qualquer sistema social não pudesse

---

* Administrador. Foi aluno e colaborador de Alberto Guerreiro Ramos.

impor-se permanentemente e assim estabelecesse regras prevalecentes de convivialidade, já que em todos eles procedimentos de natureza ética se impunham. Vejamos um exemplo, relatado por Aristóteles:

> Houve alguém na Sicília que usou uma importância em dinheiro de que era depositário para comprar todo o ferro nas fundições locais; depois, quando os distribuidores vieram dos centros consumidores, ele era o único vendedor, e embora não elevasse demasiadamente o preço obteve um lucro de cem talentos com o investimento de cinquenta. Quando Dionísio teve conhecimento da operação, ordenou ao homem que ficasse com seu dinheiro mas saísse imediatamente de Siracusa, pois ele estava inventando modalidades de lucro nocivas aos interesses do próprio tirano. [Aristóteles, 1985:30]

A economia é definida por Aristóteles como a arte, dividida em dois ramos, que trata do necessário (e, portanto, possui um limite), e do supérfluo, este ramo chamado pelo Estagirita de "arte de enriquecer", e assim ilimitado (Aristóteles, 1985:27). A arte de enriquecer sofria um tipo de regulação política que inibia sua prática, já que sua disseminação solapava as relações de convívio entre os cidadãos na *polis* e enfraquecia o domínio do poder público, este sim voltado para o provimento das necessidades dos cidadãos, inclusive econômicas.

Esse quadro começa a modificar-se, filosoficamente, com Descartes e Hobbes, que interpretam o mundo como domínio do homem e a natureza como um bem a ser explorado. Dessa forma, o eixo de interpretação da vida é deslocado do cosmos, com toda a sua transcendentalidade, para o homem, que passa a visualizar-se como o centro do mundo. Coerente com essa mudança, a filosofia deixa de ser o primado do conhecimento e cede lugar à ciência e sua irmã siamesa, a tecnologia, com seus objetos específicos e seus propósitos de ação.

A economia política, conforme elaborada e proposta por Adam Smith, lança as bases da sociedade moderna, centrada no mercado, cujo marco fundamental é a chamada Revolução Industrial. Modernização e desenvolvimento são duas consequências diretas da revolução industrial, que, em última análise, transformou a economia de mer-

Teoria da delimitação dos sistemas sociais

cado no sistema social predominante, destinado a subordinar todos os demais a seus imperativos. No chamado livre mercado, o cidadão, transformado em consumidor, vira mercadoria.

E o que é o mercado? Na antiguidade clássica, é o local de socialização, de transações comerciais, de entendimento com os estrangeiros de passagem pela *polis*. Nele as regras cívicas e de convivialidade são restringidas às regras mercantis, isto é, trocas financeiras, engodo, mentira, falta de solidariedade e ausência de comunhão, prevalência do interesse e do gosto pelo lucro. Por isso mesmo seu funcionamento é restringido, seu espaço é delimitado inclusive fisicamente, e não é sem motivo que Aristóteles deixa implícito n'*A política* que sua expansão deve ser motivo de preocupação. Se as paredes do mercado são demolidas, toda a *polis* se transforma em mercado.

A revolução industrial libera o mercado das peias produtivas e conduz a um tipo único de sociedade, inédito até então em 20 séculos de civilização ocidental. É fato que esse fenômeno gerou confortos e amenidades, mas fez com que o homem moderno perdesse o rumo do seu ordenamento pessoal, vítima de um tipo de apelo que reduz a vida ao consumo de bens materiais (os que são vendidos e comprados no mercado), e que, de acordo com Aristóteles, não podem levar a lugar nenhum do ponto de vista existencial porque são "ilimitados"; para eles não há fim, nem regulação, nem primados éticos de validade geral. Não é outro o motivo pelo qual países materialmente pujantes são assolados por crescentes problemas ligados a drogas, vazio existencial, busca do anímico, desorientação psíquica, perda de sentido individual e social por parte de seus integrantes, repetindo, na prática, a lenda do rei Midas, que transformava em ouro tudo o que tocava, mas que por isso mesmo estava fadado a morrer de fome.

A teoria da delimitação dos sistemas sociais não propõe o fim do mercado; isso seria inútil e impossível. Busca, por meio de conceitos que evidenciam a condição terminal da economia política, (re)estabelecer um tipo de regulação política para a economia. Em uma sociedade onde a economia prevalece sobre todos os demais sistemas, a vida humana, pessoal e associada, é determinada por padrões mercadológicos. Assim, o lazer (que toma a conotação de ócio), a vida afetiva, religiosa, social, comunitária são decididos por imperativos econométricos, e o próprio governo se torna cativo dessa ideologia.

No que refere ao Brasil, é desconcertante constatar como o país se deixa iludir por essa proposta, que já não pode enganar ninguém e cujos efeitos deletérios são evidentes à simples observação. Mais uma vez nosso país se coloca a reboque dos acontecimentos, e abre mão da sua autonomia política em busca de uma ficção que, historicamente, nenhuma nação ocidental pode mais concretizar. Sabem disso as nações hegemônicas exportadoras de ideologias, cujos centros avançados de pesquisa entendem o que significa o esgotamento das fontes naturais de energia e a dificuldade de obtenção de insumos energéticos de baixa entropia.

Econometristas e sociometristas, responsáveis hoje pelo sibaritismo de nossas políticas públicas, não enxergam ou não querem enxergar a realidade, a triste realidade, por exemplo, da chamada "globalização", em verdade, a união da liga de ferro com a de isopor, e abdicação de nossa afirmação política em nome de um comércio internacional sucedâneo da pirataria. Chega a ser espantoso que hoje o país produza alimentos suficientes para todos e haja contingentes de pessoas desnutridas, e que os recursos obtidos a tão alto custo não possam ser desfrutados pela maioria da população.

O paradigma paraeconômico, proposto na teoria da delimitação dos sistemas sociais, não é uma panaceia, nem tem o condão de responder a todas as perguntas. Parte do princípio, porém, de que em um sistema social politicamente regulado, a economia (de mercado) não pode ser tomada como a única fonte de inspiração de todas as regras de produção e de convivialidade, e que é preciso restaurar e valorizar outros sistemas produtivos que não o mercado autorregulado. Isonomias e fenonomias, conforme definidas por Guerreiro Ramos, e toda forma do que hoje (erroneamente, acrescente-se) é chamado de "economia informal", são igualmente sistemas produtivos, e devem ser observados sem os antolhos do mercado.

Ao contrário do que pensam nossos governantes, a delimitação dos sistemas sociais passa pelo fortalecimento do Estado, não pela sua deliberada desmontagem. Isso porque o desenvolvimento e a

Teoria da delimitação dos sistemas sociais

modernização, com todos os seus males, conseguiram trazer para a realidade uma fantasia humana que tem a idade do mundo: a possibilidade concreta de permitir um tipo de vida substantivo, sem fome, sem escravidão, sem submissão a ideologias, desde que alimentos, ocupação, cidadania e convivialidade deixem de representar apenas itens de contabilidade de custos. A nova ciência das organizações, na qual está fundamentada a teoria da delimitação dos sistemas sociais, chama de "organizações" não apenas as unidades de transformação de matéria-prima ou prestadoras de serviços, privados ou governamentais (as "burocracias", na definição de Max Weber), primado de atuação dos administradores profissionais, mas toda forma ordenada de convivialidade (Estado, associações, grupos, família), formalizada ou não. Sob esse ponto de vista, as organizações econômicas e o emprego formal também terão seus papéis revistos e reavaliados, passando a ocupar um lugar específico mas não de destaque no âmbito das relações sociais.

A essas alturas, cabe afirmar que não se está propondo uma volta ao passado. Não há retorno. É ingênuo admitir que tenha existido alguma vez um tipo de sociedade idílico, perfeito, e que seja possível refazê-lo. O que é preciso é abrir as mentes para o esgotamento do modelo desenvolvimentista e modernizante, redefinir o papel das organizações e delimitar a expansão do mercado. Vale a pena, por isso mesmo, reler *A nova ciência das organizações*.

REFERÊNCIAS

ARISTÓTELES. *Política*. Brasília: Editora da Universidade de Brasília, 1985.

RAMOS, A. G. *A nova ciência das organizações*: uma reconceituação da riqueza das nações. Rio de Janeiro: Editora FGV, 1981.

Reciprocidade, homem parentético
e *éthos* barroco

FRANCISCO SALGADO*

Introdução

A abordagem da teoria de delimitação dos sistemas sociais de Guerreiro Ramos é uma tentativa sistemática de superar o processo contínuo predominante para padronizar tanto o ser humano quanto a vida coletiva. A unidimensionalização é o processo específico de socialização pelo qual o ser humano internaliza profundamente o *éthos* do mercado, e age como se este *éthos* fosse a dimensão normativa absoluta do espectro total – a única cor do arco-íris – das relações interpessoais. Aqui coincidem a teoria da delimitação com a abordagem da modernidade barroca de Bolívar Echeverría, que analisa o mundo da vida de seu quádruplo *éthos*, sendo por ele chamado de *éthos* realista, o que se mostra do mundo capitalista como uma "necessidade transcendente", essencial e inevitável que é articulada de forma militante e fanática.

A nosso ver, o *éthos* do mercado, questionado por Guerreiro Ramos, é o *éthos* realista de Echeverría. A alternativa para a unidimensionalidade ou a uniformidade, a alternativa da delimitação, é o *éthos* barroco do filósofo equatoriano. O *éthos* barroco preserva a preeminência do mundo da vida, com o centro do valor de uso, e permite a identificação coletiva da resistência à globalização padronizadora, que acaba com a identidade dos povos. É esse *éthos* que permite a autorrealização dos

---

* Professor da Universidade de Azuay. Professor visitante da Escola Politécnica Nacional. Doutor em Administração pela Universidade Andina Simón Bolívar, sede Equador. Mestre em Antropologia do Desenvolvimento, mestre em Ciências da Computação. Engenheiro civil.

seres humanos e o exercício histórico da racionalidade substantiva em um mundo da vida em que o homem e a república estão acima do capital e do mercado, que na delimitação perdem sua presença hegemônica e assumem uma existência subsidiária, de apoio ou auxiliar.

Propomos o tipo de análise da reciprocidade como o novo nome do capital social, em uma transição para uma dimensão de valor humano que questiona a reificação que envolve o conceito de capital social. Reciprocidade é tratar os outros como se gostaria de ser tratado e ocorre de forma voluntária, sem um acordo de intercâmbio de meios. A reciprocidade inclui as atividades, atitudes e sentimentos; a tradição da antropologia e das ciências sociais a identifica com o compartilhamento que produz frutos positivos e não com as retaliações negativas. As organizações requerem um mínimo de confiança, honestidade, cumprimento dos acordos, responsabilidade social. Embora seja fundamental para seu funcionamento, a análise organizacional tradicional a ignora na prática e só enfatiza a eficiência e a eficácia das decisões. Diante do cálculo da razão instrumental, a reciprocidade não considera os benefícios que oferece.

O conjunto anunciado está organizado neste artigo em quatro momentos. Primeiramente, uma reflexão sobre as ideias centrais do homem parentético e da teoria da delimitação propostas por Guerreiro Ramos. Em segundo lugar, trata-se da modernidade e do quádruplo *éthos* de Bolívar Echeverría, enfatizando o conceito do *éthos* barroco e sua relação com o valor da mudança e o mundo da vida. Em seguida, estão nossas reflexões e propostas sobre a reciprocidade e seu significado na vida e estudos organizacionais. Finalmente, a reciprocidade é proposta como um tipo de análise organizacional, como resultado da vinculação do mundo da administração com o pensamento latino-americano dessas duas figuras principais em nossa região.

O homem parentético

A preocupação de Guerreiro Ramos com a sociedade contemporânea é apresentada em seu artigo "Modelos de homem e teoria administrativa" (1972), no qual propõe seu conceito antropológico chave, o do "homem parentético", com base no qual deriva sua visão da sociedade multicêntrica e o desenho de seus sistemas sociais (Azevedo e Albernaz, 2006). Neste conceito, há uma forte influência de Husserl (1999), que afirmou que o conhecimento das essências somente é possível por meio da "parentização", ou seja, colocar *entre parênteses* o que se supõe que *já seja conhecido* para chegar à essência das coisas. Metaforicamente, assim como Platão baseou sua visão sobre a educação e o desenvolvimento humano, sua *paideia*, comparando-a com a cidade ideal em *A república*, Guerreiro Ramos pretende rever o caminho da teoria social e administrativa utilizando três modelos de ser humano: o homem operacional, o homem reativo e o homem parentético.

No início da teoria administrativa de Taylor, o ser humano é considerado como um homem *operacional*, como um recurso a ser maximizado em termos de um produto mensurável e como uma extensão da máquina. O homem operacional é um ser passivo, que deve ser programado para maximizar a produção; um ser calculador motivado por recompensas materiais, isolado e independente dos outros.

Os "humanistas" procuraram melhorar a teoria organizacional, considerando um ser humano alternativo, com uma visão mais sofisticada da natureza da motivação humana, com uma visão da organização como um sistema aberto e considerando valores, sentimentos e atitudes no processo produtivo. Segundo Guerreiro Ramos, esse ser humano pode ser chamado de homem *reativo*. O homem reativo é um ser que reage, que se comporta de acordo com os estímulos funcionais à organização, que se ajusta aos contextos do trabalho e não à sua realização pessoal.

Como uma emancipação do homem operacional ou reativo, conformista, aprisionado em seu imediatismo, Guerreiro Ramos propõe o homem *parentético*; um ser "suspenso", que está *"entre parênteses"*, com consciência crítica da sua realidade diária. Essa consciência crítica permite colocar entre parênteses as crenças ou normas que lhe são impostas, para refletir criticamente sobre elas e, portanto, exercer sua liberdade. Além disso, o homem parentético se *compromete eticamente* com a vida social, deixando de lado um relativismo automático, imponderado. Desta forma, "a atitude parentética é definida como a capacidade psicológica de o indivíduo separar-se das suas circunstâncias internas e externas. [...] Os homens parentéticos prosperam quando termina [...] a ingenuidade social" (Guerreiro Ramos, 1972:8).

Diante de um homem organizacional, restringido pela sua sujeição ao mercado, Guerreiro apresenta um homem parentético com uma participação social real. "É por isso que hoje não basta administrar as organizações, é necessário gerenciar a sociedade como um todo." (Guerreiro Ramos, 1972:10) Este é um dos pontos centrais que permeiam a obra de Guerreiro Ramos: um humanismo radical – no sentido da raiz – que percebe o potencial de destruição encontrado no fenômeno organizacional moderno, principalmente nas organizações utilitaristas e dominadas pelo *éthos* do mercado.

A teoria da delimitação dos sistemas sociais

A abordagem básica de Alberto Guerreiro Ramos (1981, 1976) é de constituir vários cenários e *enclaves* na sociedade, onde o ser humano pode se realizar em si mesmo. Essa linha de pensamento tenta responder à problemática levantada por Hanna Arendt (1974), em relação à criação de "lugares adequados" que permitiriam ao ser humano contemporâneo efetuar atividades destinadas à sua realização. Além disso, a teoria da delimitação une-se com o mundo da vida postulado por Bolívar Echeverría (1998a) que possui múltiplas dimensões expressas no *éthos* barroco. Por isso, Guerreiro Ramos propõe uma formulação tipológica dos seres humanos e os cenários sociais correspondentes que podem servir para o desenho organizacional.

O mercado é apenas mais um enclave, já não é o centro hegemônico. Desta forma, configura-se uma proposta de caráter multidimensional, com uma variedade de possibilidades de realização individual e de conquistas sociais. A noção de delimitação social significa que: a) a sociedade é composta de vários domínios, em que as pessoas se unem em várias atividades; e b) um governo social que cria e implementa políticas para distribuir os recursos e tomar as decisões necessárias para a interação entre os diferentes domínios ou enclaves sociais.

A delimitação é uma tentativa sistemática de superar o processo contínuo predominante de padronizar tanto o ser humano quanto a vida coletiva. A unidimensionalização é o processo específico de socialização pelo qual o ser humano internaliza profundamente o *éthos* do mercado,[1] e age como se esse *éthos* fosse a dimensão normativa absoluta do espectro total – a única cor do arco-íris – das relações interpessoais.

Aqui coincidem a teoria da delimitação de Alberto Guerreiro Ramos com o pensamento filosófico de Bolívar Echeverría, que analisa o mundo da vida de seu quádruplo *éthos*, sendo por ele chamado de *éthos* realista, o que se mostra do mundo capitalista como uma "necessidade transcendente", essencial e inevitável, o que sente que a subordinação do mundo da vida ao mercado é uma bênção e não uma desgraça. A nosso ver, o *éthos* do mercado de Guerreiro Ramos é o *éthos* realista de Echeverría. Devido à importância desta filosofia, que será abordada posteriormente neste artigo, quando apresentamos a proposta do pensador equatoriano, como a alternativa à unidimensionalidade e uniformidade, que não é nada além da diversidade ou delimitação, desde seu conceito do *éthos* barroco.

A crítica da razão instrumental, voltada para o mercado, propõe a razão substantiva, subjetiva, focada na realização do ser humano e na compreensão (Serva, 1997; Tenório, 2000). As organizações atuais não são o palco adequado para essa autorrealização, pois buscam a inclusão total das pessoas em seus limites: a economia. O mercado é a força que molda a sociedade como um todo. A natureza humana é compreendida dentro do mercado, o homem, conforme o seu (des)emprego; a comunicação, como instrumento (maximiza o lucro), como política cognitiva que subordina e engana. Uma sociedade foca-

---

1. Guerreiro Ramos faz referência ao *homem unidimensional* de Marcuse, como o homem preso na uniformidade que busca o *éthos* do mercado (Guerreiro Ramos, 1981:123).

da no mercado causa degradação da qualidade de vida, insegurança psicológica, poluição, desperdício de recursos naturais do planeta, além de produzir uma teoria organizacional incapaz de construir espaços sociais gratificantes para o indivíduo e para a comunidade. Guerreiro Ramos (1976) faz uma distinção entre comportamento e ação para esclarecer a teoria organizacional convencional. O comportamento é uma forma de conduta com base na racionalidade funcional, desprovida de conteúdo ético de valor geral e ditada por imperativos externos; a ação, por outro lado, vem do comportamento ético de um agente que delibera sobre as coisas porque é consciente de seus fins. O problema é que a síndrome comportamentalista tem infectado a teoria organizacional convencional. As características desta síndrome são: a) a fluidez da individualidade, que está relacionada com uma moral relativa, que não considera nada como bom ou mau em si mesmo, e com um comportamento calculista, guiado por regras objetivas de convivência; b) o perspectivismo, que inclui a compreensão de que os comportamentos são afetados por uma perspectiva, fazendo com que cada indivíduo calcule a visão do outro para manipulá-lo; c) o formalismo, que inclui um conjunto de comportamentos moldados aos imperativos externos, que o indivíduo utiliza para superar a alienação causada pelo relativismo moral e o egocentrismo; e d) o operacionalismo, que recorre a métodos das ciências naturais, recursos matemáticos e inspiração positivista, como forma de validar e verificar o conhecimento, contribuindo para uma orientação controladora do mundo e concluindo que essas coisas são resultados de causas eficientes, toda vez que interpreta o mundo como uma sucessão de antecedentes e consequentes.

A formulação teórica de Guerreiro Ramos recebeu forte influência dos estudos de Karl Polanyi (1944), que, como coordenador de um grupo interdisciplinar na Columbia University, estabeleceu o significado substantivo da economia na década de 1940. Polanyi questionava a ideia de que era necessário considerar a razão instrumental como ponto de partida para a análise de todos os sistemas sociais e econômicos. Ele defendia a tese de que a economia deveria ser analisada como um processo social, ou seja, inserido no contexto próprio de cada sociedade historicamente definida. Portanto, a racionalidade instrumental ou de mercado não serviria como um tipo de análise para todos os sistemas econômicos. Com base nessa demarcação, Polanyi cunhou a expressão de significado substantivo, que concentra o interesse em "valores, motivação e política". A partir daí, esse conceito de Polanyi se tornará uma das principais fontes de inspiração para Guerreiro Ramos, que se aproveitou da terminologia substantiva e a qual inspirou sua abordagem da teoria da delimitação dos sistemas sociais.

Diante da visão instrumental, focada no mercado, orientada para a maximização da produtividade, Guerreiro Ramos gera um modelo de razão substantiva, no intuito de atender às necessidades de realização pessoal em vários cenários sociais. Contra esta visão unidimensional, focada no mercado e na economia, apresenta uma *ecologia global* de existência humana (Boeira, 2002). Nesse conceito de ecologia humana e de respeito ao meio ambiente, Guerreiro Ramos foi um visionário e é um dos pontos de convergência com o princípio de Sumaq Kawsay (Salgado, 2010), que vê o ambiente como a *Pachamama*, a mãe que dá e protege a vida.

No livro *A nova ciência das organizações: uma nova reconceituação da riqueza das nações*, publicado em 1981 nos Estados Unidos, Guerreiro Ramos faz uma crítica da razão instrumental, propondo a centralização no ser humano e não nas organizações; em seguida, discute as suposições ou pontos fracos da teoria organizacional convencional, para propor uma abordagem substantiva das organizações. Apresenta, então, as diretrizes da nova teoria das organizações com base em um modelo multicêntrico da sociedade, ou seja, uma sociedade composta por diversas organizações e de relações capazes de atender às diferentes necessidades humanas. O subtítulo do livro: *uma reconceituação da riqueza das nações*, mostra claramente a pretensão de Guerreiro Ramos, de questionar nada menos que a obra clássica de Adam Smith e elevar seu conceito teórico à mesma altura.

Desde o primeiro capítulo de seu livro, Guerreiro Ramos (1981) expõe que a teoria organizacional predominante é ingênua (*naïve*), porque é determinada com base na racionalidade instrumental, inerente à ciência social ocidental. Essa ingenuidade permitiu que a racionalidade instrumental obtivesse seus objetivos práticos. Esses processos têm sido unidimensionais e descaracterizaram a vida em sociedade, razão pela qual se questiona a ética administrativa predominante (Candler e Ventriss, 2006). A formulação multidimensional proposta por Guerreiro Ramos permite buscar várias formas organizacionais que tendem a combinar os objetivos da realização pessoal com uma alocação de recursos ideal para produzir bens e serviços. Tanto as atividades remuneradas quanto não remuneradas, e os cenários formais e informais são levados em consideração.

Para conceituar sua visão multidimensional, Guerreiro Ramos estabelece um plano ideal de quatro quadrantes, que se orientam em dois eixos: o primeiro eixo refere-se à formalidade e vai desde a prescrição absoluta até a falta de normas; o segundo eixo refere-se à atuação humana e vai desde o indivíduo até a comunidade. Este conceito é representado na figura 1.

FIGURA 1 **O paradigma paraeconômico, segundo Guerreiro Ramos**

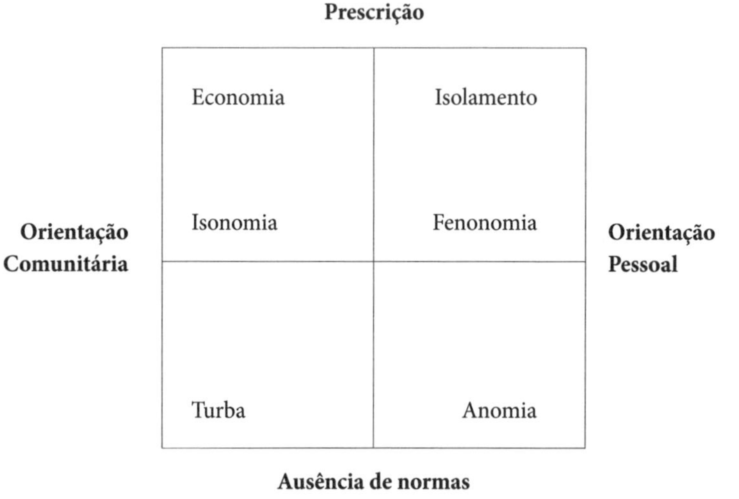

Prescrição

Economia	Isolamento
Isonomia	Fenonomia
Turba	Anomia

Orientação Comunitária (à esquerda) — **Orientação Pessoal** (à direita)

Ausência de normas

Fonte: Guerreiro Ramos (1981:122).

Denominou-se *economia* a forma predominante, o espaço social com grande número de normas. Em seguida, tomam-se as raízes gregas da palavra: οικκο-νομία para propor outros tipos organizacionais: *isonomia* (ιςο νομία) (ιςο: igual) e *fenonomia* (φενο νομία) (φενο: mostrar, manifestar o oculto, criar). Essa construção linguística é muito interessante: οικκο νομία entende-se normalmente como administração, como o "cuidado com a casa". É importante notar que o significado original de νομία é o de *tratar com ternura*, e que era aplicado às mulheres encarregadas dos bebês, que cantavam as νομο ou canções de ninar. Portanto, em grego, o significado de administração é de cuidar com amor o bem comum. Esse significado corresponde totalmente ao sentido original da palavra latina *administrare*, que significa servir, e é formada por *ad-ministrō*: *ad* é uma preposição que indica movimento diligente em direção a alguém e o verbo *ministrō* significa servir, assistir, cuidar de alguém. Quer dizer o sinal de dar a mão, estender a mão para servir, auxiliar e cuidar do outro.

Guerreiro Ramos chama a atenção para o fato de que os teóricos organizacionais convencionais concentraram seu interesse apenas nas organizações econômicas, deixando em segundo plano a análise sistemática da variedade de sistemas sociais presentes no espaço social. Considerando que as organizações econômicas são apenas um caso específico de diferentes tipos de sistemas, deveriam se limitar aos seus objetivos sem invadir o espaço humano vital. O comportamento administrativo não pode ser considerado o centro da vida humana, pois é incompatível com o desenvolvimento pleno do indivíduo. Por isso, é necessário criar outras oportunidades de realização pessoal em outros espaços sociais, evitando uma "superorganização" que transforma a sociedade em um universo no qual o indivíduo é apenas um ator de um determinado papel, sem espaço nem tempo para uma vida pessoal criativa.

Esta diversidade de tipos de organização pode ir de um ambiente organizacional com muitas normas (*economias*) até um com ausência de normas (*anomia*), sem esquecer que os limites das dimensões consideradas são uma referência, em um *continuum* onde é possível encontrar várias formas organizacionais entre seus opostos; onde uma diversidade de organizações híbridas pode ser construída socialmente. Um dos objetivos do paradigma paraeconômico proposto por Guerreiro Ramos é uma repartição equilibrada dos recursos, levando em conta a realidade de cada ambiente. Assim, do ponto de vista da paraeconomia, a existência de uma economia diversa em um país pode constituir uma vantagem e não um inconveniente, que permite a coexistência de comunidades do chamado terceiro setor com outras formas de organização.

De acordo com Guerreiro Ramos, o "Princípio dos Recursos Adequados" (ou a diversidade de requisitos) estabelece que, para uma variedade de sistemas sociais, pode-se selecionar requisitos de planejamento próprios, a fim de garantir a seus membros acesso às condições de realização pessoal e satisfação das suas necessidades. A seleção adequada de alternativas, entre as principais dimensões dos sistemas sociais, permite um desenho adequado de tais sistemas. Guerreiro Ramos propõe cinco dimensões: tecnologia, tamanho, sistema cognitivo, distribuição do tempo e organização do espaço, que permitirão alcançar melhores condições de vida para seus integrantes.

Em um dos cenários das categorias limitadoras da dimensão individual/comunitária da organização, está o tipo de organização conhecida como *isonomia*, em que todos os membros são iguais, em direitos e deveres, e lhes é permitida uma realização pessoal; é autogratificante, suas atividades correspondem às *vocações* mais do que empregos e onde a tomada de decisões é consensual, como em empresas comunitárias e cooperativas, entre outras.

De outro lado está a *fenonomia*, onde há sistemas sociais mais ou menos estáveis, em pequeno número, com fins ou objetivos compartilhados. São exemplos de fenonomias: as comunidades científicas, os grupos de pesquisadores, as comunidades de artistas, grupos ecológicos e outros semelhantes. Tal como no caso anterior, seus membros alcançam a realização pessoal, são autogratificantes e suas atividades correspondem às vocações ao invés de empregos. A tabela 1, elaborada como uma visão sinóptica, resume esse modelo paraeconômico proposto.

TABELA 1 **Modelo paraeconômico: princípio de recursos adequados**

	Tecnologia	Tamanho	Sistema Cognitivo	Espaço	Tempo
Economia (burocracia)	Alto grau de organização	Grande--Médio	Funcional	Sócio-fugaz (*centrífugo*)	Serial (*Cronos*)
Isonomia (igualdade)	Orientada para a realização dos seres humanos	Moderado (Com um mínimo e um máximo)	Político	Sócio--aproximado (*centrípeto*)	Convivencial
Fenonomia (criatividade)	Orientada para a inovação	Pequeno	Pessoal	Sócio--aproximado	Salto (*Kairos*) oportunidade

Fonte: Elaboração do autor, baseado em Guerreiro Ramos (1981).

O campo organizacional é um complexo multidimensional das relações entre os indivíduos que o integram. Pode-se tentar analisar esse complexo decompondo-o em algumas dimensões ou variáveis que consideramos importantes para sua compreensão. No entanto, devemos ter em mente que o fazemos apenas com essa finalidade, pois a dinâmica do campo organizacional corresponde à convergência das relações entre todas as suas variáveis e não a apenas algumas delas de maneira dividida. Temos, então, uma espécie de desconstrução do campo organizacional, para lê-lo como um texto e entender o conjunto das suas variáveis.

Para compreender as organizações é necessário compreender a sociedade em que elas estão e onde atuam. Por isso, o conjunto das variáveis do campo organizacional requer uma visão tanto de uma perspectiva societária macro – as cidades e espaços virtuais onde atuam – como também de uma perspectiva organizacional micro. Pela primeira vez, faremos referência a Milton Santos, autor que mais trabalhou a relação entre espaço-tempo-tecnologia em nível corporativo; para a visão micro faremos referência ao modelo pentavalente de Paulo Emílio Matos Martins e, principalmente, o princípio de recursos adequados proposto por Alberto Guerreiro Ramos na área organizacional, em sua perspectiva teórica que salienta expressamente que o fato administrativo deve ser compreendido como um aspecto particular da realidade social, o que mostra claramente a relação entre os dois níveis de análise que queremos enfatizar.

A partir da primeira perspectiva macro, Santos sugere que o complexo tecnologia-espaço-tempo pode ser visto como um entrelaçamento resultante da dinâmica social. Para o autor brasileiro, deve-se considerar o espaço um conjunto indissociável de objetos geográficos – naturais e sociais – com a vida que os anima: "O espaço é [...] um conjunto de formas, cada qual contendo frações da sociedade em movimento" (Santos, 1988:9). Portanto, o espaço ocorre historicamente e é então indissolúvel dos diversos períodos de tempo que ocorreram até a idade contemporânea com a tensão entre a globalização e as particularidades locais (Santos, 1981). Sugere, ainda, que esse tempo pode ser considerado sob dois pontos de vista: de um eixo de sucessões – serial – ou um eixo de coexistências – concomitante ou simultâneo; dessa forma, não teríamos apenas um tempo que ocorre em um momento específico, mas diversos momentos produzidos por uma combinação de relações e situações colocadas em um espaço, que reúne todas elas (Santos, 1996).

Assim como na proposta de Guerreiro Ramos, existem diferentes possibilidades de uso do tempo e também do espaço. Além disso, agora há novos territórios que surgiram do desenvolvimento de novas tecnologias de informação: os correspondentes aos espaços virtuais e ao ciberespaço, onde as fronteiras tradicionais de tempo e espaço desapareceram. Este complexo de relações tempo-espaciais-tecnológicas é um

Reciprocidade, homem parentético e *éthos* barroco

conjunto particular no espaço macro típico para o desenvolvimento das organizações: as cidades da nossa época, que cruzam simultaneamente características de metrópole e da própria cultura local.

Em segundo lugar, consideramos as relações entre espaço, tempo, tecnologia e ambiente simbólico a partir de uma perspectiva micro. Paulo Emílio Matos Martins (2008) sugere cinco dimensões de análise: física, tecnológica, humana, política e simbólica. Sua metáfora da *paleta* apresenta as várias possibilidades de combinação dessas dimensões. Na dimensão mais óbvia, a física, são levados em conta os edifícios, móveis, materiais e produtos. Na tecnológica estão os sistemas operacionais, as formas de fazer, os processos, fluxogramas, rotinas e procedimentos. A dimensão humana refere-se aos comportamentos, atitudes, relações informais entre as pessoas que fazem parte da organização. A política inclui as relações formais (estabelecidas por regras, regulamentos, organogramas), o poder e as hierarquias. A dimensão simbólica é formada pelos valores, formas de ser, crenças, mitos, ritos, sinais, lendas e conceitos morais que são criados nas organizações.

Martins (2011) agrega a dimensão histórica a esta visão no artigo "O espaço-dinâmica organizacional em perspectiva histórica", no qual aponta que os processos estão relacionados com a técnica, no sentido mais amplo, e que as dimensões que permitem observar o *espaço-dinâmica organizacional* se assemelham a um poliedro: cada lado reflete um de seus aspectos; e as diferentes dimensões se unem em uma faceta que permite a análise organizacional a partir da sua complexidade. Assim, podemos olhar para o conceito deste "espaço-dinâmica" deixando claro que se trata de analisar a organização tanto de uma perspectiva sincrônica quanto diacrônica; isto é, olhando para a realidade tal como é hoje e como foi apresentada historicamente. Esse conceito coincide com o nosso, que assume a organização como uma fração complexa da sociedade em movimento.

Ressaltamos que esta metáfora, como a paleta do pintor, permite a formação de uma grande variedade de campos organizacionais, de acordo com as diversas formas de combinar estas cinco dimensões da evolução histórica social e organizacional. Isto é, de maneira análoga, a proposta de Guerreiro Ramos, em que o administrador surge como um mediador entre as diferentes dimensões organizacionais para constituir criativamente – como se fosse um artista pós-moderno – a diversidade das organizações concretas (Ramos, 1981).

O mercado da paraeconomia deve ser regulamentado de forma a não danificar os enclaves isonômicos e fenonômicos estabelecidos, pois seriam sistemas mútuos, cooperativos, comunitários, ou fábricas gerenciadas pelos seu proprietários-funcionários, que são o embrião de um tipo de organização que promove a diversidade e a sustentabilidade. Os sistemas autossustentáveis são complementares aos estabelecidos nas economias de hoje e sua inter-relação os fortalece. Finalmente, a alocação de recursos deve permitir a recuperação e manutenção dos ecossistemas, questão central do debate ambiental do mundo contemporâneo. O uso responsável e solidário da energia e da informação é uma característica essencial para a sustentabilidade.

Como conclusão, consideramos o campo organizacional como um conjunto dinâmico que ocorre em um contexto corporativo macro – tanto configurador do campo organizacional como configurado por este – e que pode ser visto de forma multidimensional, combinando diferentes formas de compreensão do espaço, tempo, tecnologia e ambiente simbólico. A sociedade e os campos organizacionais estão em constante movimento e interação recíproca, e as variáveis que analisamos se movem e influenciam umas às outras em um complexo indissolúvel.

Delimitação e éthos barroco

A primeira geração da escola de Frankfurt amplia a análise dialética de Marx para outros campos, enriquece-a e estabelece as bases para que sociólogos e pensadores de todo o mundo desenvolvam análises críticas. E é por meio dessas análises que se destaca o filósofo equatoriano Bolívar Echeverría, que é considerado um dos mais importantes representantes do pensamento crítico. Echeverría contribui para o pensamento universal com seus estudos críticos sobre a modernidade capitalista, por meio da expansão e de novas explicações do valor de uso. Essa visão constitui um eixo no qual Echeverría desenvolve suas interessantes abordagens de *éthos*, de onde sintetiza diferentes paradigmas ou maneiras de ver o mundo na história da modernidade e, então, prevê novas formas de existência no mundo da vida.

Assim, os pensamentos de Guerreiro Ramos e de Echeverría convergem ao destacarem a importância da prática da racionalidade substantiva e o enriquecimento do mundo da vida. Mencionamos anteriormente que o pensador brasileiro apresenta sua proposta da teoria da delimitação dos sistemas sociais, precisamente como uma resposta à unidimensionalidade do *éthos* do mercado.

Na realidade, infelizmente, como previu Max Weber, a modernidade transformou o mundo da vida e o converteu em uma *gaiola de ferro*, devido à aplicação quase exclusiva da racionalidade formal ou instrumental e à quase eliminação da racionalidade substantiva na modernidade, cuja ação é baseada no valor de uso, como afirma Bolívar Echeverría em seu trabalho.

As abordagens de Bolívar Echeverría estabelecem de maneira explícita a riqueza do conceito amplo dos valores de uso, que ao contrário do valor de câmbio ou trocas que constitui o eixo da modernidade positivista e instrumental, permitem conceituar a riqueza social como aquela capaz de ser reproduzida como um conjunto articulado de bens e significados que são expressos de maneira concreta nos valores de uso, tanto em relações que permitem a produção e reprodução de formas de organização interconectadas em função de um projeto de sociedade (Echeverría, 1998b). De acordo com essa abordagem, as pessoas – que atuam conforme o valor de uso – podem fazer uma atribuição significativa do tempo e da atividade, que oscilam entre o tempo de trabalho e de lazer, e onde a riqueza social constitui a base para a construção e manutenção da sociedade, que assim retoma sua condição humana.

Echeverría propõe a compreensão do desenvolvimento da modernidade capitalista por meio da criação de um *éthos* histórico que, por sua vez, é composto por pelo menos quatro *ethe* que permitem explicar a evolução da modernidade capitalista, forma singular de não apenas mostrar os diferentes pontos de vista e abordagens que a condição humana pode dar a uma realidade e, especialmente, ao mundo da vida.

O conceito de *éthos* refere-se a uma configuração do comportamento humano destinada a recompor de tal forma o processo de realização de uma humanidade, que adquire a capacidade de atravessar uma situação histórica que a coloca em perigo extremo. Um *éthos* é, dessa forma, a cristalização de uma estratégia de sobrevivência inventada espontaneamente por uma comunidade; cristalização que ocorre, por um lado, na coincidência entre um conjunto objetivo de usos e costumes coletivos e, por outro lado, na coincidência entre um conjunto subjetivo de predisposições caracterológicas, semeadas no indivíduo singular. [Echeverría, 2002:5]

O *éthos realista*, positivista concebe o mundo como "realmente existente", que pode ser transformado pelo homem, sendo o progresso e seus efeitos, tanto positivos como negativos, os eixos nos quais se baseia a modernidade. Para esse *éthos*, não há contradição entre valor e valor de uso, já que se entende o primeiro como o segundo.

Não há dúvidas que, na história ocidental moderna, o *éthos* que dominou sobre os demais foi o mais militante e fanático de todos, o *éthos* mais produtivo em termos capitalistas, ou seja, "*éthos* realista", o que considera a subordinação do valor de uso ao valor econômico capitalista como uma bênção e não uma desgraça. [Echeverría, 2002:9]

O *éthos romântico* também confunde o valor e o valor de uso, mas de forma contrária, inclui o valor de intercâmbio ao valor de uso, o que se traduz para a resolução dessa contradição, conceito no qual é baseado o socialismo fundacional. Essa contradição é resolvida ao considerar o capital um ativo da nação e, ao compartilhar tudo, sobrepõe o mundo da vida e sua partilha à valorização da modernidade tradicional, sendo a nação à qual pertence o capital o mecanismo pelo qual os povos podem alcançar sua realização coletiva em qualidade de estados, no meio do concerto internacional (Echeverría, 2002).

O *éthos clássico* entende o conceito capitalista como o resultado de uma "necessidade transcendente" – que apesar de trágica e inevitável, reflexo da escolha da sociedade na qual prevalece a racionalidade formal de Max Weber – que reflete uma realidade que somente pode ser transformada por meio de ações que mascaram o valor de intercâmbio, que identifica os meios com os fins, com ações e conceitos como a chamada responsabilidade social, filantropia corporativa e outras formas de mascaramento dos efeitos negativos da exploração desta prática social e econômica.

O *éthos barroco*, que reconhece a contradição entre o valor de uso e o valor (valor de intercâmbio); no entanto, seu reconhecimento não implica a impossibilidade de viver o mundo da vida, com o seu mundo de valores, tradições, e é possível se identificar com o mundo tradicional das civilizações que conseguiram manter suas tradições e princípios, como é o caso do *Sumaq Kawsay*, a vida em plenitude ou viver bem, com um mundo de valores de uso inclusivos, amplos e, também, que permitem o seu desenvolvimento, mesmo no meio do capital e suas contradições. Como afirma Echeverría:

> O *éthos* barroco promove a reivindicação da forma social-natural da vida e seu mundo de valores de uso, e faz isso mesmo mediante o sacrifício de que eles são objeto nas mãos do capital e seu acúmulo. Promove a resistência a este sacrifício; um resgate do concreto que o reafirma em segundo grau, em um plano imaginário, no meio de sua mesma devastação.
>
> O melhor exemplo da versão "barroca" do *éthos* moderno é precisamente a arte barroca. Insistindo em uma frase que Adorno escreve sobre a obra de arte barroca, que é uma "decoração absoluta" – pode-se dizer que ela é, sobretudo, uma "encenação absoluta", ou seja, uma encenação que deixou de servir apenas à representação da vida retratada, como em toda arte, e desenvolveu sua própria "lei formal", sua autonomia; uma encenação que substitui a vida dentro da vida e faz da obra de arte algo de uma ordem diferente da simples apropriação estética do real. [Echeverría, 2002:8-9]

O *éthos* barroco, de acordo com Echeverría, foi concebido na experiência excêntrica da modernidade, especialmente a latino-americana, e no momento catastrófico que implicou o desaparecimento das referências simbólicas das culturas pré-hispânicas. O *éthos* barroco preserva a preeminência do mundo da vida e permite a identificação coletiva da resistência à globalização padronizadora, que acaba com a identidade dos povos, e é nesta etapa da modernidade que o valor de uso adquire seu foco. É este *éthos* que permite a autorrealização dos seres humanos e o exercício histórico da racionalidade substantiva em um mundo da vida em que o homem e a república estão acima do capital e do mercado, que na delimitação perdem sua presença hegemônica e assumem uma existência subsidiária, de apoio ou auxiliar. Aqui se encontra, precisamente, a coincidência de pensamentos entre a proposta da teoria da delimitação dos sistemas sociais de Guerreiro Ramos, e é uma resposta contra a alegação de unidimensionalidade ou uniformidade da modernidade capitalista.

E assim, por meio dos quatro *ethe*, que formam o *éthos* histórico de Echeverría, é que se vislumbra a saída da *gaiola de ferro* de Weber, e a realização de uma vida plena, tal como é concebida pelos nossos povos ancestrais e, assim, vai se transformar a aporia da primeira escola de Frankfurt.

Echeverría conclui indicando que é na modernidade do *éthos* barroco que o valor de uso adquire foco – até mesmo o sacrifício da própria vida –, sem enfraquecer-se diante do mito do progresso tecnológico, utopia da modernidade capitalista, nem do mito da revolução, cujo vetor é a força voluntarista do Estado nação.

Reciprocidade

A reciprocidade aparece como categoria antropológica na obra mais importante de Marcel Mauss, *Ensaio sobre a dádiva*, de 1924, na qual afirma que a reciprocidade é um dos fundamentos humanos sobre o qual a sociedade é construída. Em seu trabalho, Mauss interpreta a reciprocidade com o simbolismo da doação, mais importante do que o presente material, pois inclui o compartilhamento de valores intangíveis e a própria doação no cuidado aos outros. Como ponto de partida, para

Reciprocidade, homem parentético e *éthos* barroco   143

chegar a uma conceituação mais argumentada no final desta seção, para nós, a reciprocidade é formada por três elementos indissolúveis: um dever ético, uma inter-relação cordial e um objetivo mútuo.

O *Ensaio sobre a dádiva* de Mauss tem sua influência na concepção da teoria da delimitação, porque, a partir da sua afirmação de que "são apenas nossas sociedades ocidentais que muito recentemente converteram o homem em um animal econômico", Guerreiro Ramos chama a atenção para o fato de que a organização, que é o foco da teoria organizacional no sentido estrito, está intrinsecamente ligada a um tipo de sociedade sem precedentes: a sociedade de mercado. E é nesse tipo de sociedade que o ser humano, totalmente sujeito ao mercado, tornou-se uma criatura que age normalmente de acordo com um *éthos* utilitário inerente às organizações formais de hoje.

A necessidade de distinguir, então, entre os significados substantivo e formal da organização é importante no sentido de que é necessário distinguir entre os diferentes sentidos do termo economia, como coloca Polanyi:

> Não há nenhuma sociedade que possa existir sem algum tipo de sistema que coloque ordem na produção e distribuição de bens. Mas isso não implica a existência de instituições econômicas distintas; normalmente a ordem econômica é meramente uma função do social, no qual está imersa. Nas esferas tribais, feudais ou comerciais não havia um sistema econômico separado na sociedade. A sociedade do século XIX revelou-se, de fato, um ponto de partida singular, no qual a atividade econômica foi isolada e imputada a uma motivação econômica distinta [...]. Um tal padrão institucional não poderia funcionar a menos que a sociedade fosse subordinada, de alguma forma, às suas exigências. Uma economia de mercado só pode existir em uma sociedade de mercado. [Polanyi, 1944:71]

De outro ponto de vista, o *Ensaio sobre a dádiva* também abre a etnologia, como o método de análise comparativa das etnografias realizadas em diversas culturas, para encontrar seus pontos de confluência e divisão. Mauss compara as narrativas realizadas por antropólogos como Boaz e Manilowski, considerados como os pais da etnografia, sobre a prática da doação em sociedades aborígenes. O método etnográfico permite a descrição holística de uma cultura, por meio da observação participante no campo, e tenta trazer à luz a visão própria de um grupo; o método etnológico é essencialmente um método comparativo para observar diversas descrições culturais e analisá-las à luz de certas dimensões que deseja destacar.

A reciprocidade está presente nas antigas tradições espirituais da humanidade; basta recordar, como exemplo, algumas passagens encontradas em livros clássicos, como no evangelho de Lucas: "Dai e ser-vos-á dado", ou na *sunna* de Maomé: "Nenhum de vós é um crente até que deseje a seu irmão aquilo que deseja para si mesmo"; ou no confucionismo: "Faça o seu melhor para tratar os outros como gostaria que o tratassem"; ou no taoísmo: "Considera o lucro de seu irmão como o seu próprio"; ou como no hinduísmo: "Esta é a plenitude da retidão verdadeira [...] tratar os outros como queres ser tratado" (Deckop et al., 2003). Deckop e seus colegas salientam que a reciprocidade foi desenvolvida nas sociedades humanas como um padrão ético que transcende as motivações egoístas e visa contribuir para a realização do outro da mesma forma que o indivíduo deseja atingir sua própria autorrealização.

Reciprocidade é tratar os outros como se gostaria de ser tratado e ocorre de forma voluntária, sem um acordo de intercâmbio de meios. As organizações requerem um mínimo de confiança, honestidade, cumprimento dos acordos e deveres éticos para com a sociedade. Embora seja fundamental para seu funcionamento, a análise organizacional tradicional a ignora na prática e só enfatiza a eficiência e a eficácia das decisões. Diante do cálculo da razão instrumental, a reciprocidade não considera os benefícios que oferece.

A reciprocidade inclui as atividades, atitudes e sentimentos; a tradição da antropologia e das ciências sociais a identifica com o compartilhamento que produz frutos positivos e não com as retaliações negativas. Autores clássicos como Malinowski, Mauss ou Polanlyi igualam o sentido de reciprocidade ao que permite essas realizações positivas dos outros e transcende motivações utilitárias ou instrumentais; é nessa corrente que nos encontramos. No entanto, há também uma corrente que, de maneira mais ou menos explícita, aponta para as características calculistas e instrumentais da reciprocidade, como indicam Göbel, Vogel e Weber em sua interessante revisão da literatura relacionada com o estudo da reciprocidade na organização (Göbel et al., 2013). Alguns até mesmo o chamam de "forte reciprocidade", com suas faces positivas e negativas; identificamos dois grupos de pesquisadores que trabalham neste segundo sentido: o da German Academic Association for Business Research (VHB) e o do Institute for Empirical Research in Economics da Universidade de Zurique, que desenvolveu vários indicadores quantitativos para medir a reciprocidade positiva e a reciprocidade negativa em ambientes experimentais de trabalho humano. De todas as formas, de acordo com suas descobertas, não há correlação entre elas, o que seria interpretado como proveniente de diferentes vertentes da psique humana (Fehr et al., 2002).

Vamos refletir novamente sobre essas diferentes lógicas. A racionalidade instrumental, dado o fim ou as finalidades, tenta determinar quais são os meios adequados para alcançá-los. A dimensão instrumental, a técnica de gestão, considera, planeja e obtém um resultado. Para a técnica, os meios e os fins são dados, não são escolhidos, e as perguntas que se fazem são: quais são os meios para atingir os fins (eficácia) e como obter o maior lucro possível (eficiência). Essa maximização levaria a obter a maior satisfação possível dos fins.

A racionalidade substantiva não maximiza, mas harmoniza, coordena, alinha e ordena fins de segunda ordem, ou seja, os fins desejados em si mesmos e também focados em atingir o objetivo final ou felicidade ou *Sumaq Kawsay* (Salgado, 2010). O objetivo final deve ser representado como um fim desejado por si mesmo e não como um meio para outra coisa, enquanto todo o resto tem que ser desejado também por causa disso ou com vista a esse fim (Vigo, 1997). Este último fim é o que chamamos neste trabalho de princípio orientador.

Entenda-se que essa diferença supõe um desafio para o homem parentético, pois a estrutura lógica da designação dos meios para os fins (racionalidade instrumental) é diferente daquela que se orienta para a escolha dos mesmos fins (racionalidade substantiva). No entanto, essa compreensão é fundamental para a prática; parafraseando Max Weber, em *Economia e sociedade*, poderíamos dizer que o aspecto mais essencial da administração na prática é a escolha prudente dos fins. A administração está orientada principalmente para o problema da escolha do fim e a tecnologia para a escolha dos meios adequados[2]. Isto também expõe a importância da ontologia e da epistemologia na administração, em relação à prescrição e à técnica, como mencionamos anteriormente.

"A reciprocidade significa que em resposta a ações amigáveis, as pessoas são frequentemente mais simpáticas e mais cooperativas do que é previsto pelo modelo do autointeresse; [...] a reciprocidade também permite a prática das normas sociais e de ação coletiva" (Fehr et al., 2002:1). De acordo com Zamagni, a reciprocidade implica profundas relações entre as pessoas. *A* age de forma recíproca para *B* de um modo que não se compara com o intercâmbio econômico. *A* manterá certo equilíbrio na reciprocidade. No entanto, esse equilíbrio não é necessariamente preciso; muitas vezes é superabundante. Além disso, a reciprocidade pode ser obtida "dando em troca" algo distinto e incomensurável com o que foi recebido anteriormente. Às vezes *A* dá a *B*, com a esperança de que *B* dará algo a *C*, que a corrente não será interrompida e que finalmente algo retornará para *A*. Isso não necessariamente ocorre sempre. A razão dessa resposta "desigual" é que nessas situações não só está em jogo um intercâmbio de meios mas, e sobretudo, de fins, de apreços ou afetos. Esses fins constitutivos incluem objetivos como as condições materiais, a vida familiar, a amizade, a vida social, o desenvolvimento profissional, a cultura, a arte e a espiritualidade (Zamagni, 2005).

Parafraseando Guerreiro Ramos, a existência desses diferentes sistemas sociais requer diversas manifestações de reciprocidade. Os grupos sociais ou comunidades de todos os tipos requerem reciprocidades de ajuda mútua entre seus membros e com outros grupos sociais. Particularmente, a família é essencialmente uma fonte intensa

---

2. O que Weber expressa como *ação econômica*, denotamos aqui como *administração* (Weber, 1999:66).

de afeto recíproco e serviços mútuos. Os sistemas políticos e republicanos contam com diferentes relações de reciprocidade, que vão desde as propostas de "bem-estar" até o "bem viver", e se orientam para a vida em plenitude ou *Sumaq Kawsay*. A reciprocidade é a ação e a fibra que forja o tecido social.

Crespo chama a atenção para o fato de que estes sentimentos éticos ou fins, orientados de acordo com sua contribuição para a felicidade, não podem ser comparados ou ordenados quantitativamente. Eles não são intercambiáveis e reduzíveis a uma unidade maximizável. Poderíamos apenas ter a aspiração de otimizá-los, obter a melhor combinação, não a maior. Essa harmonização pode mudar quando surge o tempo do *kairós*, o tempo do salto ou o tempo da oportunidade (Crespo, 2008).

Em seu artigo clássico, Alvin Gouldner (1960) denota a característica "heteromórfica" da reciprocidade. Com esse termo, refere-se ao fato que, ainda que os bens trocados reciprocamente possam ser de natureza diferente, no entanto, eles devem ser de igual valor (no sentido do valor de uso). Isso significa que a reciprocidade implica uma correspondência com os fins, enquanto os meios podem ser diferentes. Não podemos calcular as intenções, o afeto e os esforços envolvidos na reciprocidade.

Compartilhamos com Kolm (2008) o conceito de reciprocidade como a base de todas as relações sociais; sua compreensão é essencial para compreender todos os sistemas sociais como as famílias ou as organizações. O construto conceitual da reciprocidade está, de maneira ampla, nas ciências sociais, como indicam Göbel, Vogel e Weber em sua revisão interessante da literatura relacionada com o estudo da reciprocidade na organização, onde propõem um quadro sobre os autores clássicos que trataram o tema da reciprocidade nas ciências sociais (Göbel et al., 2013).

A figura ilustrativa apresentada por eles foi substancialmente modificada aqui para ajudar a situar nossa posição em relação à reciprocidade nos estudos da organização, incluindo os autores que consideramos clássicos, no sentido de terem causado um ponto de inflexão na compreensão da teoria social ou organizacional (Göbel et al., 2013:39). A figura tenta colocar as contribuições dos autores de acordo com dois tipos de orientações: a da racionalidade predominante (cálculo utilitário/valores substantivos) e a do foco de atenção preponderante (atores interagentes/participantes sociais). A figura 2 mostra os autores clássicos das ciências sociais sobre reciprocidade, de acordo com o conceito que descrevemos nestas linhas.

FIGURA 2 **Ontologias e autores clássicos sobre a reciprocidade**

Cálculo Instrumental

Blau (1964) Coleman (1990) Fehr e Gächter (2000)	Bourdieu (1998) Lévi-Strauss (1969) Malinowski (1949)
Arrow (1995) Smith (1776)	Granovetter (1985) Kolm (2008) Mauss (1921) Polanyi (1994)

Atores (esquerda) — **Participantes** (direita)

Valores substantivos

Fonte: Elaboração do autor, baseado em Göbel et al. (2013).

Os autores clássicos apresentaram não só formas e motivações diferentes da reciprocidade, mas também discutem a partir de um nível ontológico diferente. Por exemplo, se tentar classificar os diferentes motivos que impulsionam a reciprocidade, haverá vários pontos de vista, incluindo o altruísmo e o egoísmo (Fehr, Fischbacher e Gächter, 2002; Fehr e Gächter, 2000); a distância social e as relações

Reciprocidade, homem parentético e *éthos* barroco   149

entre os participantes (Blau, 1964; Granovetter, 1973); a equivalência da doação (Bourdieu, 1998; Gouldner, 1960); o intervalo temporal (*daference*) entre o dar e receber (Bourdieu, 1985); a probabilidade do retorno da doação (Axelrod, 1984); a voluntariedade e a generosidade (Mauss, 2009). Vários desses autores supõem que essas relações de cooperação são, acima de tudo, intercâmbios com base no cálculo dos benefícios que são obtidos deles, ou seja, têm uma orientação instrumental. No mundo da técnica administrativa relacionada com essa compreensão ontológica, fala-se de incentivos e controles para promover o "trabalho cooperativo", que não é nada além do cálculo utilitário.

Uma visão alternativa da reciprocidade é aquela que a compreende como um processo dialógico no qual os participantes imersos em um sistema social agem com os outros em um contexto espaçotemporal concreto, organizado de maneira livre e deliberante. Os autores que colocamos neste quadrante da participação social em busca de valores éticos são Granovetter (1973), Kolm (2008), Mauss (2009) e Polanyi (1944). Estamos tentados a colocar Guerreiro Ramos junto a eles, pois a reciprocidade está na vertente de seu conceito das organizações de caráter substantivo, porém não desenvolveu suficientemente seu conceito. O *in-betweener* parentético está muito próximo dessas ideias e o que temos feito é, precisamente, tratar de complementar seu pensamento com a inclusão da reciprocidade como categoria de análise da organização.

A partir da perspectiva da antropologia, lembramos as diferenças entre os vínculos comunitários de valores e crenças (*gemeinschaft*) e as relações formais ou instrumentais (*gesellschaft*) propostas por Tönnies (1947). Inicialmente, o primeiro campo foi disciplinarmente atribuído à antropologia e, o segundo, à sociologia; no entanto, a crescente interdependência do mundo contemporâneo motivou Barnes (1954) a conceber o conceito de *redes sociais* (*social network*), porque inclusive as comunidades isoladas[3] têm vínculos que trans-

---

3. Barnes realizou seu estudo em uma comunidade de pescadores noruegueses, habitantes da ilha de Bremnes, a partir de várias gerações passadas. No entanto, Barnes

cendem seu território e necessitam de um novo olhar analítico para compreendê-las.

A reciprocidade pode também ser vista como um sistema social, se seguirmos Karl Polanyi (1944), que distingue três tipos de sistemas: o de intercâmbio, o de redistribuição e o de reciprocidade. O de intercâmbio refere-se principalmente ao sistema de mercado. O de retribuição, a um poder central que toma e redistribui os bens e serviços. O terceiro sistema é o de reciprocidade, como um conjunto de doações que são compartilhadas e inter-relacionadas. Como já indicamos anteriormente, esse conceito tem uma forte influência na elucidação da teoria da delimitação dos sistemas sociais. Certamente, como os tipos ideais de Max Weber ou o princípio de recursos adequados de Guerreiro Ramos, na prática, esses sistemas se unem em várias interseções. Kolm (2008) sugere que eles poderiam ser vistos como modos diferentes de transferência: intercâmbio, coerção e reciprocidade; é por isso que a compreensão da reciprocidade é indispensável para a compreensão de todas as outras formas sociais, como as comunidades, famílias, sistemas políticos e organizações.

Esse significado da reciprocidade compreendida como sistema foi destacado por Guerreiro Ramos quando se refere expressamente a ele e o menciona como um esquema que pode ser utilizado de maneira válida para o entendimento das organizações:

> Polanyi sugere que, nas sociedades não comerciais, as economias existiam no sentido substantivo. Na sociedade de mercado, no entanto, o termo econômico deriva seu sentido formal da presunção de que os meios e os recursos são escassos e que, portanto, devem ser otimizados, sendo selecionados com precisão para satisfazer às necessidades econô-

---

descobriu que membros da comunidade – geograficamente isolada – tinham vínculos externos, que eram essenciais para descrevê-los antropologicamente. Essa realidade, que mostrou o caso de indivíduos que atuam em diferentes sistemas sociais, levou à proposta conceitual das redes sociais para compreender as relações intersubjetivas entre membros de diferentes sistemas.

micas. Nas sociedades sem mercado, a escassez dos meios não constitui um princípio formal para a organização da produção e para as decisões humanas em geral, uma vez que o sustento do indivíduo está garantido por um conjunto de princípios culturais e sociais (diferentes do organizacional formal) de *reciprocidade, redistribuição e intercâmbio*. A economia, neste caso, está imersa no tecido societário e não constitui um sistema autorregulado. Em outras palavras, em uma sociedade sem mercado, os seres humanos não vivem sob a ameaça do "chicote econômico"

[...]

Diferentemente das organizações substantivas, as organizações formais se baseiam no cálculo e, como tais, são sistemas artificiais, criados de forma deliberada para maximizar os recursos. Para a teoria organizacional predominante, são meros artefatos sociais.

[...]

Max Weber viu nestas estruturas indícios do que ele chamou de burocracia, ou organização no sentido formal. Mas ele estava ciente de que, nas sociedades não comerciais, tais estruturas eram enclaves delimitados dentro do espaço da vida humana. Nestas sociedades, a maioria do espaço da vida humana permanecia disponível para a inter-relação livre das restrições da organização formal. Em outras palavras, os tipos de ação calculistas eram incidentais e estavam frequentemente incluídos nas regras básicas da inter-relação social. [Guerreiro Ramos, 1981:108-109]

Com base nas reflexões anteriores que destacam a importância da reciprocidade na vida da sociedade e das organizações, consideramos que é necessário analisar a dimensão da reciprocidade nos estudos organizacionais. Para as cinco dimensões propostas em *A nova ciência das organizações*, é necessária a dimensão da reciprocidade. Para analisá-la, adaptamos a proposta de Kolm (2008:154), que relaciona os modos de transferência de intercâmbio, coerção e reciprocidade com quatro propriedades: a liberdade de decisão, o tipo de vínculo, o sentido da transferência e a motivação. A tabela 2 mostra essa relação entre os sistemas sociais e as propriedades de transferência.

TABELA 2 **Propriedades dos sistemas sociais**

	Coerção	Intercâmbio	Reciprocidade
Decisão	Forçada	Voluntária	Voluntária
Vínculo	Norma	Contrato	Liberdade
Sentido	Unidirecional	Bidirecional	Bidirecional
Orientação	Para si mesmo	Para si mesmo	Para os outros

Fonte: Elaboração do autor, baseado em Polanyi (1944) e Kolm (2008).

De acordo com esta linha de raciocínio, conceituamos a reciprocidade como uma trama tecida pelas relações intersubjetivas em um sistema social, em que os participantes agem motivados por uma decisão própria, estabelecem vínculos livremente e se comunicam mutuamente de maneira cordial; essas inter-relações visam fazer com que os outros alcancem os melhores fins, assim como cada um espera para si.

Nesse ponto, acreditamos que seja necessário destacar a importância de considerar a reciprocidade uma categoria de análise das organizações contemporâneas, sem a qual não é possível explicar muitos tipos de organizações isonômicas, ou fenonômicas como as propostas por Guerreiro Ramos. Mesmo o desenvolvimento tecnológico mais importante da modernidade capitalista contemporânea, a internet, não pode ser explicado sem que um dos seus elementos de análise seja a dimensão da reciprocidade.

De fato, a internet foi desenvolvida com a contribuição de muitos acadêmicos e programadores jovens que compartilharam reciprocamente suas ideias de procedimentos e seus códigos de software para impulsionar e consolidar a rede de redes de computadores (Castells, 1998). Concordamos com Coraggio (2014) ao afirmar que o mo-

Reciprocidade, homem parentético e *éthos* barroco

vimento do software livre surgiu, se consolidou e foi desenvolvido com base na reciprocidade. O melhor exemplo é o desenvolvimento da web, a qual Tim Berners-Lee, seu criador, compartilhou com a humanidade em total reciprocidade, sem um cálculo dos benefícios que obteria com sua divulgação. Atualmente, ele é professor no Massachusetts Institute of Technology, no novo projeto de estruturação da informação da web para que o significado das buscas possa ser compreendido pelos códigos de software: a chamada rede semântica.

Nas duas últimas décadas, presenciamos o desenvolvimento de novas manifestações de reciprocidade, semelhantes às que deram origem à internet, à web e ao movimento do software livre: temos agora o espaço de Creative Commons para compartilhar informações de maneira aberta e livre, o movimento Open Access obteve um impacto significativo nas publicações acadêmicas para disponibilizá-las a todos, sem restrições, o *copyright* migra para o *copyleft* cobrindo uma diversidade de áreas que chegaram também à biotecnologia, com o projeto Biological Innovation for Open Society (Bios) que defende os princípios de *open source*, *open science* e *open society*. Mencionamos também a contribuição dos cursos online abertos e massivos ou Moocs para complementar a formação superior, bem como os espaços de reciprocidade científica que promovem o ResearchGate, Mendeley, Academia.edu e outros.

Conclusões

O ato racional substantivo é orientado por duas dimensões: uma dimensão individual, que se refere à autorrealização, entendida como a concretização das potencialidades e da satisfação; e uma dimensão grupal, que se refere ao entendimento e à responsabilidade e satisfação sociais. Os elementos formadores desse ato racional substantivo são: autorrealização, entendimento, julgamento ético, autenticidade, valores emancipatórios e autonomia. O ato racional substantivo contrasta com a ação instrumental, cujos elementos formadores são a ação com base no cálculo, orientada para alcançar objetivos técnicos ou finalidades relacionadas com os interesses econômicos ou de poder social, por meio da maximização dos recursos disponíveis. Os elementos formadores desse tipo de ação instrumental são: cálculo, fins, maximização de recursos, sucessos/resultados, desempenho, utilidade, rentabilidade e estratégia interpessoal.

Propomos a categoria de análise da reciprocidade como valor humano que questiona a reificação que envolve o conceito de capital social. Reciprocidade é tratar os outros como se gostaria de ser tratado e ocorre de forma voluntária, sem um acordo de intercâmbio de meios. A reciprocidade inclui as atividades, atitudes e sentimentos; a tradição da antropologia e das ciências sociais a identifica com o compartilhamento que produz frutos positivos e não com as retaliações negativas. As organizações requerem um mínimo de confiança, honestidade, cumprimento dos acordos, responsabilidade social. Embora seja fundamental para seu funcionamento, a análise organizacional tradicional a ignora na prática e só enfatiza a eficiência e a eficácia das decisões. Diante do cálculo da razão instrumental, a reciprocidade não considera os benefícios que oferece.

Para sua existência, os diferentes sistemas sociais exigem diversas manifestações da reciprocidade. Os grupos sociais ou comunidades de todos os tipos requerem reciprocidades de ajuda mútua entre seus membros e com outros grupos sociais. Particularmente, a família é essencialmente uma fonte intensa de afeto recíproco e serviços mútuos. Os sistemas políticos e republicanos contam com diferentes relações de reciprocidade, que vão desde as propostas de "bem-estar" até o "bem viver", e se orientam para a vida em plenitude ou *Sumaq Kawsay*. A reciprocidade é a ação e a fibra que forja o tecido social.

REFERÊNCIAS

ARENDT, H. *La condición humana*. Barcelona: Seix Barral, 1974.

AXELROD, R. *The evolution of cooperation*. Nova York: Basic Books, 1984.

AZEVEDO, A.; ALBERNAZ, R. Alberto Guerreiro Ramos's anthropological approach to the social sciences: the parenthetical man. *Administrative Theory & Praxis*, v. 28, n. 4, p. 501-521, 2006.

BARNES, J. A. Class and commitees in a Norwegian Island Parish. *Human Relations*, n. 7, p. 39-58, 1954.

BLAU, P. *Exchange and power in social life*. Nova York: Wiley, 1964.

BOEIRA, S. L. Ecología política: Guerreiro Ramos e Fritjof Capra. *Ambiente & Sociedade*, a. V, n. 10, p. 1-21, 2002.

BOURDIEU, P. The forms of capital. In: RICHARDSON, J. G. (Ed.). *Handbook of theory and research for the sociology of education*. Nova York: Greenwood, 1985. p. 241-258.

_____. *The practical reason*: on the theory of action. Stanford, CA: Stanford University Press, 1998.

CANDLER, G. G.; VENTRISS, C. Symposium – The destiny of a theory: beyond the new science of organizactions. Introduction to the symposium: why Guerreiro. *Adminstrative Theory & Praxis*, v. 28, n. 4, p. 495-500, 2006.

CASTELLS, M. *La sociedad red*. La era de la información: economía, sociedad y cultura. Volumen I. Madri: Alianza, 1998.

CORAGGIO, J. L. La economía social y la economía solidaria. In: ENCUENTRO INTERNATIONAL "LA ADMINISTRACIÓN Y EL PENSAMIENTO SOCIAL LATINOAMERICANO", II. Quito: Universidad Andina; Escuela Politécnica Nacional; Abras, 2014.

CRESPO, R. Reciprocity and practical comparability. *International Review of Economics*, v. 55, n. 1/2, p. 13-28, 2008.

DECKOP, J.; CIRKA, C.; ANDERSSON, L. Doing into others: the reciprocity of helping behavior in organizations. *Journal of Business Ethics*, v. 47, p. 101-133, 2003.

ECHEVERRÍA, B. La clave barroca en América Latina. In: Exposición ante el Latein-Amerika Institut de la Freie Universität Berlin, nov, 2002.

_____. *La modernidad de lo barroco*. México: ERA, 1998a.

_____. *Valor de uso y utopía*. México: Siglo XXI, 1998b.

FEHR, E.; FISCHBACHER, U.; GÄTCHER, S. Strong reciprocity, human cooperation and the enforcement of social norms. *Human Nature*, v. 13, p. 1-25, 2002.

_____; GÄCHTER, S. Fairness and retaliation: the economics of reciprocity. *Journal of Economic Perspectives*, v. 14, n. 3, p. 159-181, 2000.

GÖBEL, M.; VOGEL, R.; WEBER, C. Management research on reciprocity: a review of the literature. *BuR – Business Research. Official Open Acces Journal of VHB*, p. 34-53, maio 2013.

GOULDNER, A. The norm of reciprocity: a preliminary statement. *American Sociological Review*, v. 25, n. 2, p. 161-178, 1960.

GRANOVETTER, M. The strenght of weak ties. *American Journal of Sociology*, v. 6, p. 1360-1380, 1973.

_____. The strenght of weak ties: a network theory revisited. *Sociological Theory*, v. 1, p. 201-233, 1983.

GUERREIRO RAMOS, A. Modelos de homem e Teoria administrativa. *Public Administration Review*, v. 32, n. 3, p. 241-246, 1972.

_____. *The new science of organizations*. A reconceptualization of the wealth of nations. Totonto: University of Toronto Press, 1981.

_____. Theory of social systems delineation: a preliminary statement. *Administration and Society*, v. 8, n. 2, p. 249-271, 1976.

HUSSERL, E. *Ideas relativas a una fenomenologia pura*. México, DF: Fondo de Cultura Económica, 1999.

KOLM, S.-C. *Reciprocity*. An economics of social relations. Cambridge: Cambridge University Press, 2008.

MARTINS, P. *O espaço-dinâmica organizacional em perspectiva histórica*. Instituto Ricardo Brennan, 2011.

_____. *Seminario: El espacio organizacional en el pensamiento utópico*. Doctorado en Administración. Quito: Universidad Andina Simón Bólivar, Sede Ecuador, 2008.

MAUSS, M. *Ensayo sobre el don*. Forma y función del intercambio entre las sociedades arcaicas. Buenos Aires: Katz, 2009. [1921].

POLANYI, K. *The great transformation*: the political origin of our time. Boston: Beacon Press, 1944.

SALGADO, F. Sumaq Kawsay: The birth of a notion? *Cadernos EBAPE.BR*, v. 8, n. 2, p. 198-208, 2010.

SANTOS, M. A dimensão histórico-temporal e a noção de totalidade em geografia. In: _____. *Técnica, espaço, tempo*: globalização e meio técnico-científico informacional. São Paulo: Hucitec, 1996. p. 163-168.

_____. *Manual de geografia urbana*. São Paulo: Hucitec, 1981.

_____. *Metamorfoses do espaço habitado, fundamentos teórico e metodológico da geografia*. São Paulo: Hucitec, 1988.

SERVA, M. A racionalidade substantiva demonstrada na prática administrativa. *RAE – Revista de Administração de Empresas*, v. 37, n. 2, p. 18-30, 1997.

TENÓRIO, F. *Flexibilização organizacional*: mito ou realidade? Rio de Janeiro: FGV, 2000.

TÖNNIES, F. *Comunidad y sociedad*. Buenos Aires: Losada, 1947.

VIGO, A. *La concepción aristotélica de la felicidad*. Santiago de Chile: Universidad de los Andes, 1997.

WEBER, M. *Economía y sociedad*. México: Fondo de Cultura Económica, 1999.

ZAMAGNI, S. Why happiness and capabilities should stay together. In: Conference on Happines and Capabilities, 16-18 jun. 2005, University of Milano-Bicocca.

A paraeconomia como outra economia: o visionarismo guerreirista

GENAUTO CARVALHO DE FRANÇA FILHO[*]

O CARÁTER DURADOURO das crises que conhecem a maior parte das sociedades contemporâneas, refletidas, sobretudo, na incapacidade de geração de trabalho para todos que precisam, parece produzir uma inflexão crítica importante no modo de avaliar esse problema: das formas de governo à natureza do sistema econômico dominante. Muitos dão-se conta das limitadas margens de ação dos diferentes governos face à natureza intrinsecamente excludente da dinâmica da economia de mercado como forma de regulação institucional das necessidades materiais. Assim, no bojo de uma reflexão crítica que se faz em diferentes sociedades sobre outras formas de governar a crise, torna-se aos poucos mais saliente a reflexão sobre outras formas de organização do sistema econômico. Um questionamento comum nessa direção é justamente aquele de se perguntar sobre como encontrar soluções sustentáveis nos marcos do atual paradigma econômico dominante. Para além de um clássico debate entre Estado e economia, esses novos problemas parecem suscitar um debate entre economia e sociedade, que, aliás, envolve o anterior. Os termos desse debate fazem alusão a algumas tradições do pensamento clássico em teoria social, como Weber e Polanyi, apontando a necessidade de sua reatualização. Um dos caminhos para tanto é enfatizar a discussão sobre democracia e economia, para uma reflexão sobre diferentes modos de regulação da economia entre não apenas o mercado e o Estado, mas o mercado, o Estado e a sociedade.

---

[*] Professor da Universidade Federal da Bahia. Pesquisador CNPq. Tem experiência na área de administração, com ênfase na área de estudos organizacionais.

É neste contexto de preocupações que brota com força o atual debate sobre a outra economia em diferentes países.[1] Seu alcance é eminentemente prático, ao indicar uma série de experiências em diferentes países que buscam meios de funcionamento econômico bastante diversos da pura lógica do mercado na busca pelo atendimento de distintas demandas dos grupos e populações envolvidas. Mas o alcance desse debate sobre a outra economia é também teórico, no sentido de indicar uma série de reflexões acerca dos diferentes usos, sentidos e significados sobre o que é o econômico, além dos seus mecanismos complexos de funcionamento, como meio de evitar a clássica tendência ao reducionismo na sua compreensão (Polanyi, 1980, 2012). Trata-se de um debate que mobiliza saberes em várias áreas: da antropologia econômica, passando pela sociologia do capitalismo, sociologia econômica e estudos organizacionais, até a história, economia e filosofia.

No intuito de fortalecer o debate sobre a outra economia no contexto brasileiro, destaca-se a economia solidária como temática,[2] cuja aparição e desenvolvimento como agenda de pesquisa no Brasil ocorre praticamente dos anos 2000 em diante. Num esforço de encontrar outras fontes conceituais também úteis para essa discussão ainda dentro da tradição do pensamento socioeconômico brasileiro, eis que se apresenta justamente na obra de Guerreiro Ramos, e, em particular, na sua ideia de paraeconomia (Guerreiro Ramos, 1989; França Filho, 2010), mais uma fonte fecunda de reflexão a esse respeito.

Paraeconomia é o termo empregado por Guerreiro Ramos para fazer referência à necessidade de um modelo de análise de sistemas sociais e dinâmicas organizacionais que não se restringe à regulação pela economia de mercado. O termo aparece na segunda parte (nos três capítulos que antecedem o capítulo final) do seu último trabalho de fôlego: o livro *A nova ciência das organizações*, publicado nos finais dos anos 1970. Aliás, parecia residir neste termo um dos intentos ou

---

1. Cattani (2003); Laville e Cattani (2005); Laville et al. (2009).
2. Singer e Souza (2000); Singer (2002); Gaiger (2004); França Filho e Laville (2004); França Filho (2001, 2002 e 2007).

A paraeconomia como outra economia

projeto científico maior do autor na época (França Filho, 2010), cujo falecimento impediu seu maior desenvolvimento e consolidação.

Diante do presumível achado científico anteriormente revelado, o propósito que nos ocupa neste texto é justamente de colocá-lo à prova, conforme as seguintes indagações: Em que medida o conceito de paraeconomia em Guerreiro Ramos permite melhor compreender a ideia e prática contemporânea da outra economia? Quais diálogos salutares são possíveis entre as duas noções? Teria a noção de paraeconomia resistido suficientemente ao tempo para se revelar ainda hoje útil teoricamente? Neste quesito há algo de visionário na formulação guerreirista?

Com este intuito, o presente texto apresenta uma estrutura muito simples de argumentação, marcada por três momentos. Inicialmente, busca-se apresentar uma síntese do debate atual sobre a outra economia. Em seguida aborda-se, também em síntese, o conceito de paraeconomia em Guerreiro Ramos, esclarecendo-se o propósito do autor com essa noção. Finalmente, a título de conclusão, discute-se a relação entre paraeconomia e outra economia, sublinhando-se suas aproximações e especificidades.

Uma outra economia: do que se trata?

A outra economia não é uma formulação imaginária acerca de uma suposta economia "ideal" a ser buscada na prática. O termo faz referência a um conjunto de experiências socioeconômicas diferenciadas que se disseminam em diferentes lugares, enquanto modo de enfrentamento dos graves problemas que se vive atualmente. Do mesmo modo, no campo teórico, o termo faz alusão ao debate acerca da definição do econômico, ensejando a possibilidade de reflexão sobre as múltiplas e diferenciadas formas de instituição do econômico na vida em sociedade e que permite escapar da tendência reducionista de visão da economia. Contudo, o termo tem sido ocultado em larga medida no debate teórico, em função da forma predominante de entendimento sobre o econômico presente seja na agenda de pesquisa na ciência, seja na própria difusão do conhecimento que se faz pela mídia. Essa hegemonia de uma visão reducionista do econômico acaba assim por encobrir as possibilidades de entendimento do modo específico pelo qual se manifesta essa outra economia na prática. No caminho de aprofundamento do entendimento sobre a outra economia, é fundamental salientar inicialmente seu significado crítico em termos de visão sobre os destinos das sociedades contemporâneas, especialmente no que diz respeito aos rumos do seu desenvolvimento econômico. Contudo, esse significado crítico não se resume a um posicionamento "antieconomia", mas requer uma postura de "altereconomia" (Laville e Cattani, 2005). De certa forma, a perspectiva da "altereconomia" ultrapassa o viés "antieconomia", envolvendo-o paradoxalmente. Ou seja, a outra economia não se nutre apenas da crítica à forma de economia predominante, mas afirma seu caráter propositivo. Pode-se melhor compreender o significado crítico desse termo em sua dupla dimensão: prática e teórica.

A força crítica da outra economia na prática

Do ponto de vista da prática, o termo outra economia, em si mesmo, já comporta esse duplo movimento transicional do "anti" ao "alter", isto é, do crítico ao propositivo. Isso porque, em primeiro lugar, "a outra economia" se justifica a partir de um diagnóstico crítico sobre a incapacidade da economia de mercado, como forma hegemônica de economia na contemporaneidade, em responder aos grandes dilemas das sociedades atuais, aludindo assim às chamadas imperfeições desse mecanismo. A título de resumo desse argumento, importa salientar dois aspectos críticos centrais desse modelo de economia afetando sua proposta de regulação da sociedade: de um lado, sua incapacidade de gerar trabalho para todos que precisam, do outro, os próprios limites ou insuficiências que lhe são inerentes.

A incapacidade de geração de trabalho para todos que precisam pode ser evidenciada por meio do recrudescimento do desemprego em muitos países. E esse não é um episódio recente: desde os anos

A paraeconomia como outra economia 161

1980 testemunha-se o surgimento de um fenômeno de proporções devastadoras para o futuro do atual marco regulatório das sociedades contemporâneas. Tal fenômeno tem sido mais comumente batizado sob a expressão "crise do trabalho", especialmente no âmbito da sociologia do trabalho.[3] Se a crise do trabalho revela os limites do paradigma de mercado na capacidade de gerar respostas credíveis e sustentáveis, é porque as soluções tentadas nessa perspectiva não apresentam resultados satisfatórios. Elas insistem numa lógica de inserção de um público (demanda) que não cabe, proporcionalmente, no contingente da oferta de trabalho que as diferentes economias de mercado são capazes de gerar, mesmo apelando-se para o aumento do nível de qualificação médio da força de trabalho, como no caso brasileiro. As soluções tentadas nos marcos desse paradigma têm efeito mais retórico do que real, denotando seus modismos. Este é o caso do discurso em torno do empreendedorismo privado, que alçado a condição de nova ideologia de mercado seria capaz de operar o milagre da transformação de ex-assalariados em situação de desemprego para a condição de novos detentores de micro e pequenos negócios. No Brasil, os dados do próprio Sebrae acerca da baixíssima longevidade de micro e pequenos negócios atestam os limites dessa solução (França Filho, 2008).

Esta primeira constatação crítica (sobre os limites de espaço para todos que precisam numa economia de mercado) encontra-se indissociavelmente ligada à segunda. Ou seja, na busca de solução para o impasse da crise do trabalho nas sociedades contemporâneas, o paradigma de mercado não conhece outra via senão a do crescimento econômico. Algumas questões então se impõem: a que níveis de crescimento é possível satisfazer o tamanho da demanda por trabalho? Tais níveis são possíveis de serem alcançados? E, mesmo que os fossem, quais seriam as consequências em termos de impacto ambiental? Se então, em função da sua natureza e lógica intrínseca, o sistema de mercado necessita do crescimento como fundamento

---

3. Aznar (1993); Rifkin (1995); Gorz, (1997, 1988); Castells (1995); De Masi (1999); Laville (1994, 1997).

da sua própria sustentabilidade, por outro lado, os limites para esse crescimento parecem evidentes e são de pelo menos duas ordens: a primeira são os limites ambientais, impostos como efeito de externalidades negativas inerentes ao próprio crescimento. Ou seja, o planeta não suporta níveis de consumo elevados na maior parte dos países. A segunda ordem são os limites propriamente econômicos, no sentido da própria incapacidade das economias que não podem mais crescer quando atingem certos patamares (de crescimento). Efeito da própria saturação dos mercados.

Em segundo lugar, e como efeito conjugado desses dois fatores (ou ordens), aliada a uma reflexão sobre o mal-estar psicossocial produzido por um modo de vida exageradamente assentado no consumo e todos os valores que o acompanham, emerge um certo número de práticas identificadas com um outro modo de trabalhar, de produzir, de consumir..., enfim, de se relacionar com a economia. Tais práticas interrogam não apenas a ausência de trabalho para todos, como também o sentido do trabalho, o significado do trabalho, ou a razão de trabalhar. Os termos variam, porém os significados são comuns: economia solidária, economia popular e solidária, economia social e solidária, comércio justo, socioeconomia do trabalho, novo associacionismo, cooperativismo popular, autogestão econômica, novos movimentos sociais, trabalho emancipado, participação popular, desenvolvimento sustentável, utopia, entre outros.

A força crítica da outra economia na teoria

Do ponto de vista da teoria, a outra economia nos conduz a refletir sobre outro olhar acerca do econômico e, assim, renovar o quadro de análise necessário à compreensão da especificidade das práticas que se elaboram em nome da outra economia. Um dos caminhos privilegiados para fazê-lo encontra-se do lado da antropologia econômica e história econômica. Nesse sentido, a clássica distinção polanyiana entre definições formalista e substantiva de economia (Polanyi, 2012) nos parece uma via incontornável de fundamentação para esse

A paraeconomia como outra economia   163

debate. De fato, a compreensão da natureza singular das práticas da outra economia (a exemplo da economia solidária e outras) supõe a desconstrução do difundido conceito de fato econômico, que o assimila apenas à noção de mercado ou troca mercantil. Essa visão da economia como sinônimo exclusivo de mercado encontra respaldo numa definição formalista, conforme os termos de Polanyi (1975), segundo a qual a economia é entendida como "toda forma de alocação de recursos raros para fins alternativos" (Robbins apud Caillé, 2003:220). Essa é a definição encontrada na maioria dos manuais de economia. De modo mais sintético, conforme sugere Caillé, essa definição formalista compreende por economia "todo comportamento visando economizar recursos raros procedendo sistematicamente a um cálculo de custos e benefícios envolvidos numa decisão pensada como uma questão de escolha racional" (Caillé, 2003:220).

Ao menos duas implicações problemáticas podem ser constatadas em decorrência dessa definição, indicando seu caráter reducionista. A primeira diz respeito ao pressuposto de escassez, caracterizando a realidade e o meio ambiente econômico *a priori*, por meio da ênfase sobre a noção de recursos raros. Com base nesse pressuposto, anula-se qualquer possibilidade de entender a natureza política da escassez de recursos em diferentes contextos da vida em sociedade, especialmente aqueles provocados pela dinâmica da acumulação capitalista. Ou seja, nem sempre os recursos são naturalmente escassos ou estão escassos, eles podem encontrar-se profundamente mal distribuídos, pela própria tendência de concentração ou acumulação de riquezas inerentes a determinados sistemas econômicos. A segunda implicação dessa definição formalista é relativa à visão da natureza humana, cujo comportamento é reduzido a uma questão de escolha racional, como se fosse próprio da ação e da conduta humana proceder sempre a partir de um "cálculo utilitário de consequências", segundo a expressão de Guerreiro Ramos (1989). Em suma, tal definição formalista de economia baseia-se na axiomática do interesse (Caillé, 2002), isto é, ela não compreende a multidimensionalidade de motivos que orientam o comportamento e a conduta do sujeito humano em diferentes circunstâncias e contextos de sociedade.

A definição substantiva, por outro lado, compreende a economia como "um processo institucionalizado de interação entre ser humano e natureza permitindo um aprovisionamento regular de meios materiais para satisfação de necessidades" (Caillé, 2003:221). Esse sentido substantivo relaciona-se com a concepção aristotélica de economia e com a própria etimologia da palavra, remetendo à noção de ciência da boa gestão da casa (*oikós*) ou das condições materiais de existência. Inspirados numa concepção muito próxima dessa, os economistas clássicos ingleses (incluindo Marx) visualizam a economia política como o estudo científico da produção, da troca e da distribuição da riqueza material, ou, ainda, conforme resume Caillé, como "a ciência dos sistemas econômicos, entendidos como sistemas de produção e de intercâmbio de meios para satisfazer necessidades materiais" (Caillé, 2003:222).

A partir dessas duas definições pode-se constatar o sentido da economia relacionado com o problema da materialidade humana. Ou seja, a economia em sentido amplo (substantivo) é o meio pelo qual as sociedades tentam viabilizar a reprodução das suas condições materiais de existência. Ela (economia) pode então encontrar diferentes mecanismos, formas ou princípios institucionais (Polanyi, 2012), conforme os diferentes contextos de sociedade ao longo da história. Enquanto a economia em sentido muito restrito (definição formalista) pensa que apenas uma dessas formas de reprodução das condições materiais (baseada no princípio do mercado autorregulado) pode ser identificada como economia.

Em resumo, a compreensão substantiva da economia pode, então, associar a ideia de economia a toda forma de produção e de distribuição de riqueza – o que significa assumir o pressuposto básico de uma definição de economia como economia plural. Desse modo, como as formas de "fazer economia", isto é, de produzir e distribuir riquezas, variaram historicamente nas diferentes culturas humanas, pode-se reconhecer diferentes economias, o que Polanyi (1980) denomina de diferentes princípios do comportamento econômico: o mercado autorregulado, a redistribuição, a reciprocidade e a domesticidade. Esses diferentes princípios históricos do comportamento econômico podem resumir-se a três formas de economia (Laville, 1994), com seu

A paraeconomia como outra economia

rearranjo na modernidade. Assim, a economia, entendida como toda forma de produzir e distribuir riqueza, admite:

a) uma economia mercantil: fundada no princípio do mercado autorregulado. Trata-se de um tipo de troca marcado pela impessoalidade e pela equivalência monetária, limitando a relação a um registro puramente utilitário. Nesse tipo de troca/relação, o valor do bem (que se mede pelo seu preço) funda a lógica do sistema, ao contrário do primado do valor do vínculo ou da relação social, que se busca numa lógica reciprocitária;

b) uma economia não mercantil: fundada no princípio da redistribuição e marcada pela verticalização da relação, que deixa de ser troca e assume caráter de transferência direta e obrigatória, pois aparece a figura de uma instância superior (o Estado) que se apropria dos recursos a fim de distribuí-los;

c) uma economia não monetária: fundada no princípio da reciprocidade, ou seja, um tipo de relação de troca orientada principalmente pela lógica da dádiva, tal como descrita por Mauss (2007). A dádiva compreende três momentos: o dar, o receber e o retribuir. Neste tipo de sistema, os bens circulam de modo horizontal e o objetivo da circulação desses bens e/ou serviços vai muito além da satisfação utilitária das necessidades. Trata-se, sobretudo, de perenizar os vínculos sociais. A lógica da dádiva obedece, assim, a um tipo de determinação social específica, pois ao mesmo tempo livre e obrigada, a dádiva é essencialmente paradoxal (França Filho e Dzimira, 1999).

Depreende-se da argumentação anterior a importância da noção de economia plural, que se pode adotar como desdobramento da opção por uma definição substantiva de economia. Essa noção corresponde à ideia de uma economia que admite uma pluralidade de formas de produzir e distribuir riquezas, já que ela não se resume ao valor de troca dos bens ou serviços. Trata-se, desta maneira, de um modo de conceber o funcionamento da economia real, permitindo ampliar o olhar sobre o econômico para além da visão dominante, que reduz seu significado à ideia de economia de mercado. Esse outro olhar orienta a percepção de certas singularidades, próprias às práticas da outra economia.

A ampliação do entendimento acerca do econômico permitido pela sua definição substantiva se apresenta de forma bastante convergente com a abordagem proposta por Guerreiro Ramos na sua noção de paraeconomia. Não sem razão, pois Guerreiro Ramos era bastante conhecedor do enfoque polanyiano de análise da sociedade. De qualquer modo, importa explorar neste momento a especificidade do olhar guerreirista.

O que buscava Guerreiro Ramos com a ideia de paraeconomia?

Paraeconomia é o termo empregado por Guerreiro Ramos para fazer referência à necessidade de um modelo de análise de sistemas sociais e dinâmicas organizacionais que não se restringe à regulação pela economia de mercado. O termo é desenvolvido nos capítulos finais do seu último livro, publicado originalmente em inglês por uma editora canadense nos finais dos anos 1970 sob o título *A nova ciência das organizações*, mas cujo subtítulo, "uma reconceituação da riqueza das nações", parecia indicar a preocupação salientada nesse texto.

Nessa obra Guerreiro Ramos sugere uma refundação crítica da teoria organizacional convencional, cujos ensinamentos esbarravam, segundo ele, nos limites próprios de uma teoria organizacional nascida e desenvolvida a partir, fundamentalmente, das referências típicas de um modelo específico de sociedade – aquele centrado no mercado. Seu objetivo é "contrapor um modelo de análise de sistemas sociais e de delineamento organizacional de múltiplos centros ao modelo atual centralizado no mercado, que tem dominado as empresas privadas e a administração pública nos últimos 80 anos" (Guerreiro Ramos, 1989:XI). O alcance da sua discussão proposta é bastante ambicioso, já que se estende à indagação sobre os fundamentos de praticamente qualquer teoria social. É assim que, segundo o autor, a tarefa básica de uma nova ciência das organizações repousa sobre a necessidade fundamental de desconstrução de três pilares ou pressupostos encontrados na base da atual teoria organizacional. Não sem razão, os três pressupostos correspondem a três premissas fundantes de toda e qualquer teoria social, sendo relativos: ao conceito de razão; à concepção de natureza humana; e à concepção ou projeto de sociedade. É sem dúvida na discussão da primeira premissa, ao propor uma redefinição do conceito de razão, que o livro se torna mais conhecido, especialmente no ensino crítico da administração. Nesse aspecto, Guerreiro Ramos mostra como nas sociedades modernas o conceito de razão incorpora outro sentido, que passa a constituir a norma de entendimento sobre o que seja racionalidade. Essa é, precisamente, a visão da razão como um "cálculo utilitário de consequências", consubstanciado na ideia de racionalidade instrumental ou funcional. O vigor da análise de Guerreiro Ramos encontra-se na sua capacidade em retomar o debate sobre a transmutação do conceito de razão ao longo da história da filosofia e ciências sociais. O passeio teórico de Guerreiro Ramos consiste em retomar, inicialmente, o conceito de razão na teoria política clássica, com Aristóteles, estendendo sua discussão até a proposição crítica da escola de Frankfurt, com Horkheimer e Adorno na *Dialética da razão*. Assim, o autor mostra como a razão em seu sentido clássico (entendida como a capacidade de discernimento próprio aos sujeitos humanos, habilitando-os a distinguir o falso do verdadeiro, o bom do mau ou o justo do injusto) transforma-se em algo exterior à figura humana, ou seja, no lugar da razão como equilíbrio, a razão passa a ser vista como uma capacidade de maximização de resultados. A alternativa apresentada por Guerreiro Ramos ao conceito unidimensional de razão (traduzido na ideia de racionalidade instrumental, e largamente difundida pelas faculdades de gestão, por exemplo) é a noção de racionalidade substantiva, que o autor desenvolve a partir de uma tradição crítica da razão moderna presente em Weber, Mannheim, Horkheimer, Habermas e Voeglin. Enquanto na racionalidade instrumental deve prevalecer a assertiva maquiaveliana, segundo a qual "os fins justificam os meios", pois o que importa, nesse parâmetro de racionalidade, é a capacidade que possuem os meios para atingir os objetivos pré-fixados, ou seja, os meios não têm importância em si mesmos; na racionalidade substantiva, por outro lado, avalia-se a qualidade intrínseca de cada ação empreendida, já que o propósito dessa razão é o entendimento humano. Nela, a escolha e a definição dos fins não podem ser jamais exteriores à condição humana. Isto é, os fins definem-se como valores.

Já em relação à segunda premissa, seu intuito é de desconstruir os alicerces psicológicos nos quais se assenta a teoria organizacional convencional. Se esta encontra-se baseada numa racionalidade instrumental, uma vez que a interpretação ou análise do fato organizacional deve orientar-se segundo critérios funcionais de performance e eficiência econômica, o mesmo se aplicaria a uma concepção particular da natureza humana, caracterizando essa mesma teoria organizacional, segundo Guerreiro Ramos. Essa é claramente delineada por meio do conceito de síndrome comportamentalista, entendida como: "Uma disposição socialmente condicionada, que afeta a vida das pessoas quando estas confundem as normas e regras de operação peculiares a sistemas sociais episódicos com regras e normas de sua conduta como um todo" (Guerreiro Ramos, 1989:52). A ideia da síndrome comportamentalista é salientada como uma característica básica das sociedades industriais contemporâneas. O que o autor quer sublinhar é a ideia de que tal síndrome "surgiu como consequência de um esforço histórico sem precedentes para modelar uma ordem social de acordo com critérios de economicidade" (Guerreiro Ramos, 1989:52). Essas sociedades constituem, segundo ele,

a culminação de uma experiência histórica, a esta altura já velha de três séculos, que tenta criar um tipo nunca visto de vida humana associada, ordenada e sancionada pelos processos autorreguladores do mercado. A experiência foi bem-sucedida, certamente que bem demais. Não apenas o mercado e seu caráter utilitário tornaram-se forças históricas e sociais inteiramente abrangentes, em suas formas institucionalizadas em larga escala, mas também demonstraram ser altamente convenientes para a escalada e a exploração dos processos da natureza e para a maximização da inventiva e das capacidades humanas de produção. [Guerreiro Ramos, 1989:52]

Finalmente, é na reflexão crítica sobre a premissa de sociedade na base da teoria organizacional convencional que Guerreiro Ramos

A paraeconomia como outra economia 169

avança sua noção de paraeconomia. Seu diagnóstico inicial consiste em pensar que o conhecimento mobilizado pela teoria organizacional convencional está baseado em pressupostos da sociedade centrada no mercado, acarretando sérias limitações em termos de sua aplicabilidade: "a aplicação de seus princípios a todas as formas de atividade está dificultando a atualização de possíveis novos sistemas sociais, necessários à superação de dilemas básicos de nossa sociedade" (Guerreiro Ramos, 1989:XI).

Neste sentido, a noção de paraeconomia em Guerreiro Ramos eleva-se a categoria de um modelo de análise ou paradigma de compreensão da realidade, sugerindo outro olhar sobre a relação entre economia e sociedade. Sua formulação se apoia em três aspectos estreitamente inter-relacionados: uma ideia de delimitação dos sistemas sociais; uma visão acerca da variedade de critérios ou requisitos adequados para um desenho delimitativo de sistemas sociais; e uma abordagem sobre as implicações políticas da adoção de um conceito que se formula como um modelo multicêntrico de alocação de recursos.

Paraeconomia como modelo delimitativo de análise dos sistemas sociais

Inspirado em Marcuse, Guerreiro Ramos parte do pressuposto de existência de um caráter unidimensional nos modelos de análise e planejamento dos sistemas sociais que predominam não apenas no campo da administração, mas também naqueles da ciência política, da economia e mesmo das ciências sociais em geral. Tal caráter deve-se à centralidade ocupada pelo mercado como categoria de ordenação dos assuntos pessoais e sociais. Diante desse diagnóstico, Guerreiro Ramos propõe um modelo multidimensional "para a análise e a formulação dos sistemas sociais, no qual o mercado é considerado um enclave social legítimo e necessário, mas limitado e regulado" (Guerreiro Ramos, 1989:140). É precisamente esse modelo que ele denomina de "paradigma paraeconômico". Um aspecto fundamental presente na concepção de tal modelo refere-se à assunção de "uma visão de sociedade como sendo constituída de uma variedade de enclaves (dentre os quais, o mercado é apenas um)" (Guerreiro Ramos, 1989:140), o que permitiria aos humanos dedicarem-se a formas muito diferentes e, segundo ele, integrativas de atividades substantivas. Além de um pressuposto de visão de sociedade, tal modelo supõe ainda a ideia de "um sistema de governo capaz de formular e implementar as políticas e decisões distributivas requeridas para a promoção do tipo ótimo de transações entre tais enclaves" (Guerreiro Ramos, 1989:140).

A delimitação organizacional proposta nesse modelo de análise descreve seis categorias constitutivas do seu paradigma: economia, isonomia, fenonomia, anomia, motim e isolado. Tais categorias podem ser compreendidas a partir dos dois pares de critérios utilizados pelo autor como eixos de estruturação do seu modelo, a saber: "orientação individual e comunitária", de um lado, e "prescrição contra ausência de normas", do outro.

Em relação ao primeiro caso, a preocupação de Guerreiro Ramos é com a proposição de um modelo suficientemente amplo para não embutir uma interpretação da conduta humana que reduz "o indivíduo, ou cidadão, a um agente de maximização da utilidade, permanentemente ocupado em atividades de comércio" (Guerreiro Ramos, 1989:141). O debate que conduz o autor nesse aspecto pode ser resumido nos termos "maximização da utilidade" *versus* "atualização pessoal", esta última entendida de um ponto de vista muito crítico em relação à tendência de escolha racional. Conforme explica Guerreiro Ramos:

> A delimitação organizacional é, portanto, uma tentativa sistemática de superar o processo contínuo de unidimensionalização da vida individual e coletiva. A unidimensionalização é um tipo específico de socialização, através do qual o indivíduo internaliza profundamente o caráter – *éthos* – do mercado, e age como se tal caráter fosse o supremo padrão normativo de todo o espectro de suas relações interpessoais [...]. A afirmação inadequada de que o interesse pelas pessoas pode ser harmonizado com o interesse pela produção de mercadorias só se justifica à base de uma abordagem unidimensional da organização. E esse é, precisamente, o erro característico das atuais tendências do pensamento e da prática, no

A paraeconomia como outra economia 171

campo administrativo. [...] em vez de proclamar a possibilidade de uma total integração das metas individuais e organizacionais, o paradigma aqui apresentado mostra que a atualização humana é um esforço complexo. [Guerreiro Ramos, 1989:142-143]

Já em relação ao segundo critério, a preocupação de Guerreiro Ramos consiste em salientar os efeitos psicológicos das prescrições operacionais. Sua discussão busca mostrar o caráter inversamente proporcional da relação entre prescrições operacionais e atualização pessoal. Conforme ele explica: "quanto maior é o caráter econômico do trabalho, menos oportunidade de atualização pessoal é oferecida aos que o executam pelas respectivas prescrições operacionais" (Guerreiro Ramos, 1989:143). O que ocorre em razão da ausência de capacidade autônoma de decisão dos sujeitos sociais diretamente afetados. O autor sublinha, desse modo, a profunda contradição entre as necessidades individuais e as exigências da organização econômica, que não encontra solução possível no âmbito do chamado comportamento administrativo, o qual "consiste na atividade humana sob prescrições operacionais formais e impostas" (Guerreiro Ramos, 1989:144). Quanto mais essa atividade humana é considerada administrativa, menos ela é propícia à atualização pessoal. A preocupação do autor é de denunciar a tendência da teoria organizacional em identificar esse comportamento administrativo com a própria natureza humana, deixando de reconhecer que se trata de uma "síndrome psicológica inerente à economia e aos sistemas ameaçadores em geral" (Guerreiro Ramos, 1989:144). As razões para esse fenômeno encontram-se no processo de superorganização e de despersonalização característico do desenvolvimento das sociedades industriais modernas, nas quais

se espera sempre que o indivíduo viva como um ator, a quem cabe um papel determinado. [...] o indivíduo não dispõe de lugar e tempo verdadeiramente privados, duas condições para uma vida pessoal criativa. [...] preso continuamente a uma trama de exigências sobre método e organização, o indivíduo acaba por aceitar uma visão predeterminada da realidade. [Guerreiro Ramos, 1989:144-145]

O autor lembra que tal processo apenas reforça a tendência de despersonalização do indivíduo. Em resumo, segundo Guerreiro Ramos, o reconhecimento dos efeitos psicológicos das prescrições operacionais não significa admitir a necessidade de sua eliminação do mundo social, uma vez que eles têm grande importância na manutenção e apoio de qualquer coletividade. A questão passa pelas delimitações dos enclaves em que podem caber tais prescrições, podendo

> até ser legitimamente impostas ao indivíduo. [...] Nos sistemas que visam maximizar a atualização pessoal, as prescrições não são eliminadas. São mínimas, porém, e nunca são estabelecidas sem o pleno consentimento dos indivíduos interessados. Tais sistemas são bastante flexíveis para estimular o senso pessoal de ordem e de compromisso com os objetivos fixados, sem transformar os indivíduos em agentes passivos. A total eliminação das prescrições das normas é incompatível com uma significativa atualização humana, no contexto do mundo social. [Guerreiro Ramos, 1989:145-146]

Quais requisitos para quais sistemas sociais?

Uma vez descritas as categorias constitutivas do paradigma paraeconômico, cabe a tarefa de construí-lo na prática. E esse é um esforço eminentemente político, exigindo uma avaliação dos requisitos mais adequados à variedade de sistemas sociais. Assim, para Guerreiro Ramos, a efetividade de uma sociedade multicêntrica, vislumbrada no paradigma paraeconômico, envolve um embate político, de vigorosa resistência às tendências da sociedade centrada no mercado, no sentido de conter sua influência sobre o espaço vital humano. Isto não significa dizer que os objetivos da paraeconomia sejam a supressão do mecanismo de mercado. Segundo o autor, as capacidades sem precedentes criadas por este último, "ainda que por razões erradas [...], pode[m] [...] atender as metas de um modelo multidimensional de vida humana, numa sociedade multicêntrica". A construção de tal tipo de sociedade, enquanto empreendimento intencional,

A paraeconomia como outra economia 173

envolve planejamento e implementação de um novo tipo de estado, com o poder de formular e pôr em prática diretrizes distributivas de apoio não apenas de objetivos orientados para o mercado, mas também de cenários sociais adequados à atualização pessoal, a relacionamentos de convivência e a atividades comunitárias dos cidadãos. Uma sociedade assim requer também iniciativas partidas dos cidadãos, que estarão saindo da sociedade de mercado sob sua própria responsabilidade e a seu próprio risco. [Guerreiro Ramos, 1989:155]

Para além de um mero exercício abstrato, Guerreiro Ramos esclarece que esse modelo delimitativo reflete na prática "o tipo de vida procurado por muita gente, em muitos lugares" (Guerreiro Ramos, 1989:156). Tais iniciativas se dão, por outro lado, muito a partir de processos de ensaio e erro, refletindo seu caráter de incompletude como sistemas sociais; faltando para sua força impulsionadora, esforços sistemáticos e disciplinados de elaboração teórica. Reside, precisamente, nesse ponto um dos propósitos maiores do seu paradigma/modelo: "A formulação de diretrizes de uma nova ciência organizacional, em sintonia com as realidades operativas de uma sociedade multicêntrica" (Guerreiro Ramos, 1989:156).

Partindo, então, do pressuposto segundo o qual a existência de uma variedade de requisitos constitui "qualificação essencial de qualquer sociedade sensível às necessidades de atualização de seus membros" (Guerreiro Ramos, 1989:156), a tarefa a que se propõe Guerreiro Ramos, então, é precisamente a de definir os requisitos de planejamento próprio a cada sistema social. Para tanto, ele passa a examinar cinco dimensões principais de tais sistemas: tecnologia, tamanho, espaço, cognição e tempo. Seu intuito é o de sublinhar a variedade de traços característicos possíveis segundo cada uma das cinco dimensões e conforme a natureza do sistema social em análise, o que permite desconstruir certas "verdades" preconcebidas sobre cada uma dessas dimensões.

Com a ênfase dada à variedade de requisitos conforme a natureza e propósitos dos diferentes sistemas sociais, Guerreiro Ramos pretende repensar a ideia de eficiência na alocação de recursos, indicando a fecundidade de uma perspectiva multicêntrica de análise e orientação para a ação.

A paraeconomia como modelo multicêntrico de alocação de recursos

A paraeconomia é concebida por Guerreiro Ramos como "proporcionadora da estrutura de uma teoria política substantiva de alocação de recursos e de relacionamentos funcionais entre enclaves sociais, necessários à estimulação qualitativa da vida social dos cidadãos" (Guerreiro Ramos, 1989:177). O paraeconomista, segundo Guerreiro Ramos, seria todo cidadão que pensa e busca implementar cenários alternativos aos sistemas centrado no mercado. No nível da análise e planejamento de sistemas sociais, ao invés de um enfoque centrado no mercado, tal paradigma pressupõe a ideia de "uma sociedade suficientemente diversificada para permitir que seus membros cuidem de tópicos substantivos de vida, na conformidade de seus respectivos critérios intrínsecos" (Guerreiro Ramos, 1989:178). Assim, do ponto de vista de uma política paraeconômica, afirma-se a necessária legitimidade das isonomias e fenonomias (para além das economias) como agências por meio das quais se deve efetivar a alocação de mão de obra e de recursos para uma viabilização da sociedade em seu conjunto.

Como embasamento da sua proposição, Guerreiro Ramos relembra as duas formas básicas de implementação de diretrizes e decisões alocativas numa sociedade: de um lado, as transferências nos dois sentidos, característica das economias de troca, e, do outro, as transferências em sentido único, próprio das chamadas economias de subvenções – termo que Guerreiro Ramos toma emprestado de K. Boulding. Os critérios de avaliação da eficácia alocativa, no primeiro caso, são definidos a partir da contabilidade convencional de preço/lucro. Contudo, adverte Guerreiro Ramos:

A paraeconomia como outra economia

a qualidade e o desenvolvimento de uma sociedade não resultam apenas das atividades desses sistemas centrados no mercado. Qualidade e desenvolvimento resultam também de uma variedade de produtos, distribuídos através de processos alocativos que não representam troca. A avaliação da eficácia desses processos alternativos e de seus ambientes sociais envolve mais do que uma contabilidade direta de fatores de produção. Sua contribuição para a viabilidade do conjunto social não pode ser determinada numa estrutura convencional de custo/benefício. Esses sistemas, normalmente, não podem funcionar, a menos que sejam financiados por subvenções. [Guerreiro Ramos, 1989:178]

A questão importante, nesse ponto, diz respeito à reflexão sobre quais atividades numa sociedade deveriam ser financiadas por subvenções ou organizadas segundo um critério de troca..., algo que não é desenvolvido por Guerreiro Ramos. De todo modo, o autor critica o caráter estreito da concepção de recursos e produção próprios aos modelos alocativos dominantes. Estes, baseados numa lógica de mercado, entendem recursos e produção apenas como insumos e produtos de atividades de natureza econômica. Assim, tudo o que resulta de atividades domésticas que esteja relacionado com atividades associativas de todo tipo, baseadas em engajamento voluntário ou militante, não pode ser considerado formalmente "fatores contributivos da riqueza nacional". Desse ponto de vista, até mesmo uma grande parte da atividade dita *camponesa* também não pode ser considerada produtiva. Nessa lógica, o fato de o produto do trabalho não ser diretamente transferível para o mercado, o leva a ser ignorado pelo sistema oficial de estatística, fazendo com que "um imenso reservatório de recursos e de capacidade produtiva seja negligenciado e permaneça inexplorado pelos modelos alocativos predominantes" (Guerreiro Ramos, 1989:180).

Diferentemente dessa visão, no paradigma paraeconômico, a concepção de produção e consumo considera, de maneira formal, tanto as atividades remuneradas quanto as não remuneradas. Para Guerreiro Ramos, existem dois pontos cegos no modelo alocativo convencional: em primeiro lugar, a identificação do indivíduo produtivo como detentor de emprego; em segundo lugar, a pressuposição de que "o montante e a qualidade do consumo do cidadão estão expressos naquilo que ele compra" (Guerreiro Ramos, 1989:180), importando, desse modo, muito mais o que o mercado é capaz de vender e as pessoas são levadas a consumir do que propriamente o que elas necessitam. Conforme considera o autor:

> presas entre essas ilusões e entre esses pontos cegos, as políticas alocativas do governo têm sido incapazes de ultrapassar o círculo vicioso do sistema de mercado, para tirar vantagem das possibilidades existentes de construção de uma variedade de ambientes produtivos, que não dispõem de dinheiro, como parte de uma sociedade multicêntrica. [Guerreiro Ramos, 1989:181]

Outro pressuposto necessário de ser revisto com a adoção de um paradigma paraeconômico diz respeito à questão dos recursos finitos. Para o autor,

> um sadio conceito de recursos inclui mais do que aquilo que o mercado se inclina a definir como recurso. Inclui dimensões ecológicas e psíquicas, para as quais a epistemologia mecanística inerente à lei clássica da oferta e da procura não tem sensibilidade [...]. Limites às atuais atividades do mercado não representam, necessariamente, limites ao crescimento. Há abundância de recursos e substancial capacidade produtiva que permanecem ociosas, graças à falta de adequado esquema teórico para organização dessas potencialidades. Do ponto de vista paraeconômico, os recursos são infinitos e não há limites ao crescimento. [Guerreiro Ramos, 1989:181]

Assim, questionando a estreiteza de visão presente na interpretação vulgar do fenômeno da economia dual, Guerreiro Ramos ressalta a existência de dois tipos de sistemas de produção característicos de todas as nações contemporâneas: o sistema de orientação para o lucro, de um lado, e os sistemas de orientação mutuária, do outro. Relacioná-los sempre de maneira antagônica, como na ideia de dualidade econômica, significa incorrer numa visão míope do fenômeno. Essa é precisamente a postura dos formuladores de política econômica (e ele pensa especialmente no caso americano), os quais, subjugados a uma mentalidade de mercado, deixam de considerar o potencial maior de sua estrutura de produção. O autor mostra então a importância dos sistemas de produção orientados para a mutualidade na estrutura econômica americana, a mesma situação podendo refletir o caso de praticamente toda e qualquer economia contemporânea, tanto em sociedades do Norte quanto do Sul.

Do ponto de vista da formulação de políticas de governo, é o apoio adequado e sistemático a iniciativas particulares, as quais expressam inovações importantes em termos de esquemas construtivos de alocações de recursos, que pode representar, segundo o autor, os antídotos eficazes contra os vícios e distorções causadas pelo sistema de mercado. No entanto, não apenas acontece falta de reconhecimento dessa possibilidade na política oficial americana, alega Guerreiro Ramos, como tal fenômeno tem sido acompanhado de um sentimento de desprezo pela chamada economia de subvenções.

Para o autor, essa economia dual americana, caracterizada pelo setor de troca e pelo setor de subvenções, não deveria ser vista como uma anormalidade, nem cada setor "ser classificado segundo os imperativos de meta do outro. Ambos os setores deveriam ser visualizados em sua distinta e específica natureza e como executores de funções complementares e socialmente integrativas" (Guerreiro Ramos, 1989:187).

Contudo, argumenta o autor, a má gestão das subvenções por quem as concede, sejam os entes públicos ou privados, gera consequências dramáticas, como a questão do desemprego, pois como a incapacidade do sistema de mercado em absorver o contingente populacional em idade ativa não é vista como um problema estrutural do sistema (pela grande maioria dos formuladores de política), mas, normalmente, atribuída às vicissitudes temporárias da economia, acaba ocorrendo um processo de estigmatização e de degradação social da população desempregada (absorvida pelos sistemas de previdência e assistência social), que assume a condição de desempregado como uma incapacidade pessoal. Nesse sentido, a ideia de uma plena ocupação da força de trabalho escapa completamente à visão dos formuladores de política reféns de uma mentalidade de mercado. Contudo, argumenta Guerreiro Ramos,

> um ato de imaginação poderia permitir que a reserva de capacidade ociosa, representada pelas pessoas sem empregos formais, fosse mobilizada para a corrente principal do sistema de produção americano, através da alocação desses fundos de assistência e previdência social, não como um simples auxílio benevolente, mas como subvenções para financiamento das atividades e da criatividade dos cidadãos, em empreendimentos de orientação mutuária e comunitária, socialmente reconhecidos. [Guerreiro Ramos, 1989:188]

Segundo o autor, "um dos objetivos das políticas paraeconômicas é uma equilibrada alocação de recursos" (Guerreiro Ramos, 1989:188). Nesse sentido, a existência de uma economia dual passa a ser vista antes como uma vantagem, ao invés de um inconveniente:

> A coexistência de sistemas de orientação mutuária, nos quais os respectivos membros produzem para si mesmos uma grande parte dos bens e serviços que diretamente consomem, e de sistemas orientados para o lucro, em que os membros são, essencialmente, detentores de emprego, que tiram de seus salários o poder aquisitivo que lhes proporcionará todos os bens e serviços de que necessitam. [Guerreiro Ramos, 1989:188]

Outra questão levantada pelo autor se refere ao fato de as políticas serem formuladas sem se considerar a peculiaridade cultural de cada sociedade, sendo esse um processo inerente ao sistema de mercado, o qual induz, por meio das nações industriais hegemônicas do ocidente, "o resto do mundo a se ajustar à sua inclinação expansionista" (Guerreiro Ramos, 1989:189). É precisamente contra as consequências práticas dessa ideologia anglo-saxônica, particularmente no que se refere aos seus efeitos de deterioração do meio ambiente e de exaustão das reservas de fontes de energia renováveis ou não renováveis,

A paraeconomia como outra economia

que surgiu em certos setores do pensamento teórico uma reavaliação crítica dessa economia clássica, e muito especialmente "tentativas de elaboração de uma ciência da alocação de recursos como disciplina ecológica" (Guerreiro Ramos, 1989:189).

Ao destacar a contribuição de Georgescu-Roegen – o qual, mais do que se contentar com uma análise das "distorções ecológicas resultantes da prática da economia clássica", estabeleceu "os pressupostos fundamentais da nova ciência da alocação" (Guerreiro Ramos, 1989:189), num esforço de pensar uma reorientação do processo de alocação de recursos em escala mundial –, Guerreiro Ramos afirma que

> a produção de bens e serviços deveria ser promovida mediante o máximo uso de recursos renováveis e o mínimo uso razoável dos não renováveis. A escassez dos recursos não renováveis não é de natureza temporária e tratar sua utilização e alocação em termos de mecanismos de mercado, isto é, como se devessem ser apreçados de acordo com a lei clássica da oferta e da procura, é uma ilustração da regra utilitário-hedonista do *aprés-moi le déluge*. [Guerreiro Ramos, 1989:190]

A partir dessa argumentação, Guerreiro Ramos afirma o caráter ecológico e social do paradigma paraeconômico, para além da consideração sobre a termodinâmica da produção. Ele enxerga a institucionalização de uma sociedade multicêntrica em termos incertos, seu êxito dependendo da capacidade criadora de aproveitamento de outras possibilidades pelos agentes. Para tanto, torna-se imperativo, segundo ele, restringir ou delimitar o grau de influência do que ele chama de "organizações econômicas" (ou seja, as empresas de mercado) sobre a existência humana como um todo. Conforme ele explica:

> Por serem as organizações econômicas precisamente aquelas que mais retiram insumos do limitado orçamento da matéria-energia de baixa entropia disponível, deveriam elas ser rigorosamente replanejadas, tendo-se em mente um interesse ecológico. Deveriam tais organizações ficar circunscritas a um enclave, como parte de uma sociedade multicêntrica provida de muitos cenários para propósitos autocompensadores, en-

volvendo consumo mínimo de insumos de baixa entropia. [Guerreiro Ramos, 1989:191]

Ao final, revelando seu otimismo e senso militante, Guerreiro Ramos é categórico:

O mundo industrial em que vivemos também começou como uma possibilidade objetiva. Foi modelado no decorrer de todo um processo acumulativo de inovação institucional, deliberadamente empreendido por muitos indivíduos. Podemos estar agora num similar estágio incipiente de institucionalização, de que pode emergir uma alternativa para a sociedade centrada no mercado – a sociedade multicêntrica ou reticular. [Guerreiro Ramos, 1989:191]

Conclusão: afinando a relação entre paraeconomia e outra economia?

Tentando responder a questão sobre a relação entre paraeconomia e outra economia, primeiro é importante salientar, em termos contextuais, seu deslocamento no tempo. Quando Guerreiro Ramos formula sua noção, na segunda metade dos anos 1970, não existia a noção de outra economia, e nem sequer práticas institucionais se reclamando, por exemplo, do conceito de economia solidária. No entanto, vivia-se naquela época o apogeu do que poderíamos chamar de fenômeno da contracultura, que atingia alguns segmentos das classes médias oriundos de grandes cidades principalmente em países dos continentes europeu e americano (do Norte e do Sul). A contestação contracultural do capitalismo nessa época se colocava fortemente contra o chamado mal-estar civilizatório, imposto pelo modo de vida nas sociedades industriais. A crítica fora, em grande medida, uma crítica existencial, que se interrogava sobre o sentido da vida por meio da reflexão sobre o significado do trabalho face ao modo de viver predominante da maioria das pessoas e seus valores materialistas associados. Era justamente nessa reflexão sobre o sentido do trabalho que surgiu naquele

A paraeconomia como outra economia 181

momento uma série de experiências e iniciativas propondo outros modos de produzir, de trabalhar e de viver, inventando, assim, outras formas de economia. Conforme sublinha Guerreiro Ramos: "uma sociedade assim requer também iniciativas partidas dos cidadãos, que estarão saindo da sociedade de mercado sob sua própria responsabilidade e a seu próprio risco" (Guerreiro Ramos, 1989:155). De certa forma, com as noções de isonomia e certos tipos de fenonomia, em contraposição à noção de economia, na formulação do seu paradigma, Guerreiro Ramos parece fazer alusão à reflexão anterior. Isso porque, nos critérios utilizados por Guerreiro Ramos para distinguir as categorias do seu paradigma, sua ênfase será muito fortemente colocada sobre o que ele chama de "atualização pessoal", em oposição ao comportamento de "maximização da utilidade". Atualização pessoal ou emancipação como aquilo que muitas pessoas buscam fora da "economia", isto é, nas isonomias e em muitas fenonomias, por meio de um trabalho que faça sentido e num ambiente de socialidade mais propício ao equilíbrio entre ausência e prescrição de normas, que constitui justamente outro par de critérios utilizado por Guerreiro Ramos na formulação das categorias do seu paradigma.

Em resumo, uma primeira conclusão que podemos avançar acerca da relação entre os dois conceitos diz respeito à contextualização das práticas às quais eles se referem. Nesse quesito, três aspectos chamam atenção.

Em primeiro lugar, no que diz respeito ao mote contestatório, enquanto na paraeconomia o contexto da crítica é principalmente sobre o sentido do trabalho (e, assim, o sentido da própria economia), na outra economia essa crítica permanece com força, porém se soma a uma outra: a ausência de trabalho. De fato, a paraeconomia fora formulada num momento de grande apogeu da história recente do capitalismo, fenômeno batizado por alguns economistas mediante a expressão "trinta gloriosos", correspondendo ao período de grande prosperidade econômica, sobretudo em termos de crescimento e volume de empregos em grande parte das economias nacionais, que vai da segunda metade dos anos 1940 (no pós-guerra) à segunda metade dos anos 1970. Nesse momento prevalecia não uma crítica à ausência de trabalho, mas ao sentido ou significado do trabalho numa vida pautada por valores materialistas e consumistas. Essa crítica ao consumismo continua muito presente no contexto da outra economia, conforme aparece em diferentes práticas como comércio justo, consumo consciente ou educação ambiental, mas a ela se soma a chamada busca de alternativas de trabalho face ao recrudescimento do desemprego, que assola grande parte das economias capitalistas desde os anos 1980, quando se iniciam os chamados ajustes neoliberais nas economias nacionais em diferentes países, que trouxeram um quadro de recessão bastante generalizado.

Em segundo lugar, no que diz respeito ao perfil sócio-ocupacional dos atores envolvidos, enquanto no contexto da paraeconomia são, sobretudo, segmentos específicos, mais esclarecidos, de classes médias urbanas que aderem à contracultura, no contexto da outra economia (até pelas razões aludidas) esse público se amplia dentro da própria classe média, envolvendo outros e novos extratos, mas, sobretudo, esse público se estende até uma série de novos segmentos das classes populares, tanto no campo quanto nas cidades, conforme se observa nos diferentes movimentos que se reagrupam em nome, por exemplo, da economia solidária. Tal fenômeno se compreende facilmente pelo contexto de aumento da exclusão, conforme abordado no item anterior.

Em terceiro lugar, no que diz respeito ao alcance institucional no contexto das práticas, também se verificam diferenças bastante sensíveis. De um lado, no contexto da paraeconomia, as práticas contraculturais indicavam iniciativas mais dispersas e pulverizadas geograficamente, como pontos isolados em diferentes lugares. Havia, assim, certo grau de fragmentação das práticas, mesmo reconhecendo-se que muitas tendiam a agrupar-se em certos lugares, formando aquilo que ficou conhecido como "comunidades alternativas". Por outro lado, no contexto da outra economia, verifica-se um volume e diversidade muito maior de experiências (haja vista o perfil sócio-ocupacional mencionado). Também o nível de organização e estruturação das práticas é substancialmente elevado, conforme atestam os diferentes tipos de redes e outras instâncias de auto-organização como fóruns, conselhos etc. Tais características conferem um grau de alcance institucional significativo em diferentes experiências, conforme casos emblemáticos de certas redes e diferentes modalidades de parcerias institucionais envolvendo poderes públicos governamentais e outras esferas da sociedade civil, consubstanciando até, em outros casos, exemplos de políticas públicas inovadoras. Finalmente, neste item, importa salientar o caráter planetário do contexto de práticas da outra economia atualmente, contrastando com o contexto da contracultura que se restringia a alguns países.

Uma segunda conclusão diz respeito à consistência teórica dos dois conceitos, especialmente em relação à visão da economia.

Nesse sentido, a paraeconomia se apresenta menos como um conceito informando sobre a prática e mais como um modelo de análise indicando outra forma de olhar a prática, para sugerir modos de agir nela. Ela não descreve a prática, muito embora se refira a ela (como toda formulação teórica), porém, de forma ideal típica, conforme as categorias do seu paradigma. Já a outra economia se apresenta como conceito comportando sua dupla dimensão: teórica e prática. De um lado, na sua dimensão prática, a outra economia é um conceito utilizado para representar fenômenos da realidade em si mesmos, os identificando. O termo sugere uma renovação de práticas socioeconômicas no tecido das sociedades contemporâneas. Por outro lado, a outra economia se revela também como um conceito informando sobre outro modo de entender o significado de economia. Desse ponto de vista teórico, paraeconomia e outra economia parecem guardar profunda aproximação, em razão de uma série de premissas comuns em relação ao modo de olhar e interpretar a realidade:

- Ambos os termos combatem ferozmente o chamado reducionismo economicista. Isto é, a tendência de visão que consiste em assimilar o entendimento sobre o que é economia em termos exclusivamente mercantis;
- Ambos os termos se apoiam num pressuposto substantivo de definição de economia, conforme esclarecido. Ou seja, uma visão ampliada acerca do que é o econômico, permitindo reconhecer suas diferentes modalidades de institucionalização na vida em sociedade;

- Na esteira das duas premissas anteriores, ambos os termos nos conduzem a pensar o funcionamento da economia na vida em sociedade hoje como economia plural. Ou seja, uma economia que admite uma pluralidade de formas de manifestação, entre lógicas de mercado, redistributistas e reciprocitárias, ou lógicas mercantis, não mercantis e não monetárias. Conforme a célebre sentença polanyiana segundo a qual não viveríamos em sociedades capitalistas, mas em sociedades com "a predominância capitalista";
- Ambos os termos nos conduzem a pensar que a alocação de recursos na vida em sociedade (ou sua mobilização, propiciando a reprodução das condições materiais de existências das pessoas, isto é, o que constitui o propósito da economia na sua relação com a sociedade) pode acontecer não apenas de múltiplas formas, como também na interação entre suas distintas formas.

Ambos os termos nos indicam o valor e a importância de mecanismos multicêntricos na alocação de recursos como estratégia para enfrentar os grandes dilemas que vivemos atualmente. Quando o paradigma da economia de mercado revela seus limites, o valor crítico da outra economia e da paraeconomia está não na sua simples negação, mas na sua superação ou ultrapassagem. Ou seja, ambos os termos vão além do paradigma do mercado, reconhecendo seus avanços e limites como mecanismo de regulação da sociedade. Uma questão bastante objetiva permitindo debater serenamente esse tema seria aquela de se perguntar sob que condições é preferível uma regulação da atividade por meio do mecanismo de mercado exclusivamente, do Estado ou da outra economia. A ideia, portanto, não é de aniquilação do mecanismo de mercado, mas do seu reposicionamento, da sua ressignificação ou da sua subordinação aos propósitos da vida que estão sempre para além das questões materiais.

Ambos os termos nos permitem, assim, exercitar uma filosofia antiutilitarista acerca do econômico: ele não deve ser tomado como um fim em si mesmo, mas como um meio para a realização de outros propósitos. Nestes termos, o antiutilitarismo não é a simples negação do utilitarismo, mas sua superação. Ou seja, o comportamento antiutilitário pode incluir o utilitário, subordinando-o: numa relação

A paraeconomia como outra economia   185

de troca ou em certas formas de trabalho ou de atividade produtiva, os sujeitos podem estar imbuídos de propósitos genuinamente conviviais, e isso não impede que eles estejam, também, satisfazendo utilitariamente suas necessidades.

Finalmente, como conclusão geral, importa sublinhar que as especificidades entre os dois termos e suas aproximações anteriormente salientadas nos permitem concluir sobre a fecundidade da proposição guerreirista. Antecipando em cerca de duas décadas um debate salutar, Guerreiro Ramos de fato se mostrou um visionário em termos analíticos. Sua proposta de paradigma paraeconômico se revela uma referência de fôlego para melhor compreender dilemas e desafios contemporâneos em torno da outra economia.

REFERÊNCIAS

AZNAR, G. *Trabalhar menos – para trabalharem todos*. São Paulo: Página Aberta, 1993.

CAILLÉ, A. *Antropologia do dom*. Petrópolis: Vozes, 2002.

_____. Sur les concepts d'économie em general et d'économie solidaire en particulière. *La Revue du M.A.U.S.S. Semestrielle*, Paris, n. 21, p. 215-236, 2003.

CASTELS, R. *Les métamorphoses de la question sociale*: une chronique du salariat. Paris: Fayard, 1995.

CATTANI, A. (Org.). *A outra economia*. Porto Alegre: Veraz Editores, 2003.

_____ et al. (Org.). *Dicionário internacional da outra economia*. Coimbra; São Paulo: Almedina, 2009.

DE MASI, D. *Desenvolvimento sem trabalho*. São Paulo: Esfera, 1999.

FRANÇA FILHO, G. A problemática da economia solidária: uma perspectiva internacional. *Revista Sociedade & Estado*, Brasília, v. 14, n. 1-2, p. 245-275, jan./dez. 2001.

_____. A via sustentável-solidária no desenvolvimento local. *Revista Organizações & Sociedade (O&S)*, Salvador, v. 15, n. 45, p. 219-232, abr./jun. 2008.

_____. Decifrando a noção de paraeconomia em Guerreiro Ramos: a atualidade de sua proposição. *Revista Organizações & Sociedade (O&S)*, Salvador, v. 17, n. 52, p. 175-197, jan./mar. 2010.

_____. Teoria e prática em economia solidária: problemática, desafios e vocação. *Civitas*, Porto Alegre, v. 7, n. 1, p. 155-174, jan./jun. 2007.

____. Terceiro setor, economia social, economia solidária e economia popular: traçando fronteiras conceituais. *Bahia Análise e Dados*, Salvador, v. 12, n. 1, p. 9-19, jun. 2002.

____; DZIMIRA, S. Economia solidária e dádiva. *Revista Organizações & Sociedade (O&S)*, Salvador, v. 6, n. 14, p. 141-183, jan./abr. 1999.

____; LAVILLE, J. L. *Economia solidária*: uma abordagem internacional. Porto Alegre: EDUFRGS, 2004.

GAIGER, L. I. (Org.). *Sentidos e experiências da economia solidária no Brasil.* Porto Alegre: UFRGS, 2004.

GORZ, A. *Métamorphoses du travail, quête du sens.* Paris: Galilée, 1988.

____. *Miseres du présent, richesse du possible* – dépasser la société salariale. Paris: Galilée, 1997.

GUERREIRO RAMOS, Alberto. *A nova ciência das organizações*: uma reconceituação da riqueza das nações. São Paulo: FGV, 1989.

LAVILLE, J. L. (Org.). *La crise de la condition salariale*: emploi, activité et nouvelle question sociale. In: ____ (Org.). *Le travail, quel avenir?* Paris: Gallimard, 1997. p. 37-62.

____. *L'économie solidaire* – une perspective internationale. Paris: Desclée de Brouwer, 1994.

____; CATTANI, A. *Dictionnaire de l'autre économie.* Paris: desclée de Brouwer, 2005.

MAUSS, M. *Essai sur le don*: forme et raison de l'échange dans les sociétés archaïque. Paris: PUF, 2007.

POLANYI, K. *A grande transformação*: as origens da nossa época. Rio de Janeiro: Campus, 1980.

____. *A subsistência do homem* – e ensaios correlatos. Rio de Janeiro, Contraponto, 2012.

____. *Les systèmes* économiques – dans l'histoire et dans l'économie. Paris: Librairie Larousse, 1975.

RIFKIN, J. *O fim dos empregos.* São Paulo: Makron Books, 1995.

SINGER, P. *Introdução à economia solidária.* São Paulo: Fundação Perseu Abramo, 2002.

____; SOUZA, A. *A economia solidária no Brasil*: a autogestão como resposta ao desemprego. São Paulo: Contexto, 2000.

PARTE III

Crítica e autocrítica – diálogos consigo mesmo

Guerreiro Ramos: por bem mais que 200 anos...

ANA PAULA PAES DE PAULA[*]

Não há perspectiva, ninguém sabe nada do Brasil hoje. A coisa pior que pode acontecer a uma pessoa lúcida é ter uma posição no governo, porque não há o que fazer. Se for lúcida, pague para não assumir as funções, porque não é possível fazer nada nessa sociedade. A inércia não permite que se faça nada. O Brasil é uma coisa desesperante. Só um milagre, sei lá, mas eu não sei. Não posso fazer especulações sobre os desígnios de Deus. Mas eu não vejo como, na minha humanidade... Para mim é melancólico. Só há o indivíduo. As pessoas podem se salvar, o país não. A Alzira pode se salvar, eu posso me salvar, mas o país não pode. E olhe lá, hein! Para você se salvar e eu me salvar é preciso muita força, muita decisão. As pessoas podem, mas o país não pode. É uma inércia muito grande. [...] As pessoas estão iludidas, estão brigando a briga errada. Um país de picaretas. Só tem picareta na política brasileira. O sujeito tratando de interesses... Ninguém tem a visão do Brasil. É o país da picaretagem. [Guerreiro Ramos, em Oliveira, 1995:181-182]

A declaração poderia ter saído no jornal de ontem, mas, pasmem, foi feita por Guerreiro Ramos em 9 de junho 1981, na entrevista que concedeu para Alzira Alves de Abreu e Lucia Lippi de Oliveira, disponível na íntegra no livro *A sociologia do Guerreiro*. Pensei muito sobre o que poderia apresentar na comemoração deste centenário e concluí que o melhor a fazer era deixar que Guerreiro falasse por ele mesmo, de modo que vou recorrer a alguns trechos desta entrevista no decorrer de minha fala.

---

[*] Professora titular e pesquisadora do Centro de Pós-Graduação e Pesquisas em Administração (Face-Cepead) da Universidade Federal de Minas Gerais (UFMG), além de colaboradora do Programa de Pós-Graduação em Administração (PPG-ADM) da Universidade Federal do Espírito Santo (Ufes). É coordenadora do Núcleo de Estudos em Participação e Subjetividade (Neps) e do Observatório de Práticas Participativas (OPP).

Preparei esta apresentação em três partes: a primeira aborda as visões do Guerreiro Ramos sobre o Brasil; a segunda discute as influências intelectuais que o guiaram, e a terceira traz sua opinião sobre o fazer científico.

1. Sobre o Brasil: catástrofe e invenção

Quanto retomamos as falas de Guerreiro Ramos sobre o Brasil, nesta entrevista concedida nove meses antes de sua morte, é impossível não se surpreender com a atualidade delas, partilhando de seu desespero com o estado das coisas. Valendo-me de Walter Benjamin é possível dizer: "Que as coisas continuem como antes, eis a catástrofe!".

Por exemplo, sobre a situação e qualidade de vida nos centros urbanos, que culminou com os protestos de junho de 2013 em diversas cidades brasileiras, dizia Guerreiro em 1981:

> A cidade do Rio de Janeiro é pura entropia. Olhe para a estrutura física dessa cidade. É impossível viver nessa cidade! Não é uma cidade onde o ser humano possa viver! Você passa nas ruas e está se destruindo! É entropia! Total entropia! Basta andar na rua. Não é possível ter sanidade psicológica andando na cidade. As pessoas internalizam a desordem, não veem a desordem. As vidas estão desordenadas. Vocês todos estão desordenados! Vocês não têm ordem! O sujeito é socializado dentro da desordem. Da maneira como o sujeito dirige o automóvel, é a vida que está sendo exposta a cada minuto, e ele não percebe. É preciso que você viva numa sociedade normal para saber que tudo é anormal. Você está expondo sua vida, está simplesmente brincando com a morte. Então eu digo: "Meu Deus! Seu doido, não faça isso!". [Oliveira, 1995:181-182]

Suas visões sobre a história do Brasil apontam para uma ausência de saídas, sentimento que ainda hoje prevalece entre os colunistas de jornais, revistas e blogs:

> Nós não temos nenhuma consciência – nenhum historiador brasileiro tem consciência – de que a categoria na qual a história do Brasil está inserida é a decadência. [...] Nós somos modernos, nascemos dentro da história moderna, o que é um desvio. A história moderna é um destri-

lhamento. Esse é o assunto do meu próximo livro. Tem uma grande importância, porque vai mostrar como isso não tem saída. O Brasil não tem saída dentro da história moderna e hoje está completamente capturado dentro da história moderna, que é uma história de fracassos. O maior fiasco que já houve é a sociedade industrial. Um grande fiasco! Destruiu os elementos permanentes da existência humana, destruiu a natureza, e nós ainda estamos nessa mentalidade moderna de desenvolvimento, nessas coisas. Está tudo errado. [Oliveira, 1995:177-178]

[...] não há história no Brasil, há a crônica. O Brasil tem crônica, faz a crônica da servidão cultural, da servidão econômica. Tem as pessoas, mas o país não existe, isso é uma ficção. [Oliveira, 1995:182]

No entanto, apesar do seu declarado desespero, Guerreiro tentava manter a esperança: "Você tem que inventar este país, tem que fazer um contrabando, e dizer que não é. Eu sou o homem do contrabando, estou dizendo que o Brasil é grande, vamos vender esse negócio como se fosse grande. Essa é a minha vida toda" (Oliveira, 1995:163).

Verdade que andamos tentando fazer isso. Inventamos várias vezes sermos grandes, mas o velho "complexo de vira-latas" parece sempre bater mais uma vez à nossa porta...

Como diria Walter Benjamin: "Vocês estão todos cansados – e tudo porque não concentraram todos seus pensamentos num plano totalmente simples, mas absolutamente grandioso".

2. Principais influências e a visão interdisciplinar

Guerreiro fazia questão de destacar as principais influências intelectuais que moldaram seu pensamento, como Berdiaeff:

Não há realmente nenhuma influência mais poderosa na minha vida do que a do Berdiaeff. [...] Mas vocês devem ver que o Berdiaeff foi um homem que escreveu vários estudos admiráveis sobre o marxismo. O marxismo era a obsessão dele. E eu conheci o marxismo, isto é, tive notícia de Marx, através dos estudos de Berdiaeff, no final da década de 30. Agora estou escrevendo um livro que se chama *Teoria e destino*. Este livro é a minha história intelectual, sem narração de fatos. Eu não me vejo escrevendo memórias, porque sou extremamente vaidoso e não gosto de ser velho. Minha vaidade é tão poderosa que eu jamais me vejo escrevendo um livro: 'Nasci em tal lugar, assim'. Quando a pessoa começa a fazer isso, está passando um certificado de que está acabando. E eu me sinto começando. Quero viver uns duzentos anos, mais ou menos. [Oliveira, 1995:135-136]

É no mínimo curioso que Guerreiro tribute como a mais poderosa influência no seu trabalho um intelectual obcecado pelo marxismo, pois costuma ser muito criticado por seu distanciamento em relação a Marx. No entanto, nesta entrevista é possível perceber que ele tem um profundo respeito por Marx e sua obra. Ao lado de Berdiaeff, Guerreiro destaca, além do próprio Marx, as influências da Escola de Chicago, de Mannheim e principalmente de Weber, de quem diz ser praticamente um amigo íntimo. Afirma Guerreiro:

Eu tive um *affair* com a sociologia americana e resolvi estudá-la profundamente. [...] Depois vem Marx; li Marx realmente. [Oliveira, 1995:140-141]

Então aí vai: Max Weber é outra grande influência sobre mim, junto com Durkheim, Karl Mannheim... Vocês veem, por aquela série de artigos, a influência dos sociólogos. Conheci-os assim de base, lendo os livros no original. Mas não ainda Marx. A influência mais poderosa desde os anos 40 até hoje, em termos da minha profissão de homem de ciência social, é Max Weber. [...] Se você se der ao trabalho de examinar isso, poderá ler, por exemplo, meu primeiro estudo em inglês, publicado em 1970, que mostra como os americanos não compreenderam Max Weber. Inclusive um sujeito chamado Talcott Parsons, que pretende ter sido influenciado por Weber, não entende, não sabe o que é aquilo. Eu destruo aquele negócio com dois ou três parágrafos, porque ele não entendeu nada. Max Weber é uma pessoa familiar, estou sempre com ele, é uma pessoa das minhas relações. Eu o entendo, é uma afinidade enorme. E isso foi antes do marxismo. Quando fui ler Marx, eu já tinha um estofo de coisas. [Oliveira, 1995:144-145]

Mas o que realmente não me lembro é de quando comecei a estudar o marxismo. Sei que conheço Marx bem: *O capital*; *Contribuição à crítica da economia política*; o livro de Marx e Engels sobre a formação da classe operária inglesa. Eu conheço tão bem o marxismo! [Oliveira, 1995:148-149]

Guerreiro tinha também uma profunda consciência do caráter interdisciplinar da teoria das organizações e aponta Weber como um autor que faz constantemente este trânsito entre fronteiras disciplinares, guiando seu trabalho nessa direção:

> Eu começo a entrar na teoria da organização e começo a voar para os grandes temas, que não respeitam fronteiras: economia, sociologia... O negócio weberiano é multidisciplinar. Aquele é que era o meu perfil. Foram duas grandes influências da minha vida: a primeira de Berdiaeff, de caráter pessoal, ligada às minhas emoções. Encontrei aquele homem numa idade imatura, e ele me educou; fico cada vez mais encantado e isso nunca cessou. Com Max Weber já faço críticas, mas o considero o maior sociólogo. [Oliveira, 1995:145]

3. Sobre a ciência em ato e a ciência em hábito

Guerreiro também tinha uma visão muito peculiar sobre sua atuação como intelectual e também sobre o fazer científico, que ele afirmava ser muito mais um ato do que um hábito, cercado por vezes de mistérios insondáveis. Em primeiro lugar, ele se colocava assumidamente como um *outsider*:

> *O drama de ser dois* é um livro em que eu confesso o meu desconforto permanente com o mundo secular. Nesse poema eu me descrevia como uma espécie de pessoa entre dois mundos que eu não sabia definir. E ainda hoje acho que esse é um traço fundamental do meu perfil: eu não pertenço a nada. Não pertenço a instituições, não tenho fidelidade a coisas sociais; tudo o que é social, para mim, é instrumento. Eu não sou nada, estou sempre à procura de alguma coisa que não é materializada em instituição, em linha de conduta. Ninguém pode confiar em mim em termos de socialidade, de institucionalidade, porque isso não é para mim, não são funções para mim. O meu negócio é outro. De modo que esse livro é um livro seminal. Não tem importância o mérito intrínseco. Poeticamente não vale nada. Mas é realmente uma expressão do que eu sempre fui. Em inglês existe uma expressão: *in betweenners*. Estou sempre *in between*. Nunca

estou incluído em nada. As minhas metas são a única coisa em que estou incluído, não há pessoas que me incluam. [Oliveira, 1995:134]

Além disso, era um crítico mordaz da mera reprodução de ideias e métodos como trabalho científico e tinha convicção de que ser um grande pensador envolvia um "algo mais", para além do que seria possível explicar:

Os mais importantes sociólogos brasileiros são Gilberto Freyre e Florestan Fernandes, pessoas que não têm formação científica. São importantes porque vendem. [...] Eu não disse que ele não tem nenhuma formação científica, a frase não seria adequada. Ele não entende. Ele lê uma porção de livros, ensina métodos, mas o segredo... Há um parte esotérica da ciência – esotérico com s – que não adianta você ler, não é só ler. O exotérico – com x – conhece a parte externa, lê livros. Mas não dá, não entende. Ele faz aquelas obras, descreve. É um trabalhador, mas não dá. Porque não é só leitura, é uma coisa qualquer que não sei explicar. [Oliveira, 1995:161-162]

Ele explicita com clareza o problema da mera reprodução de modelos e métodos científicos, que hoje é tão cultuada na academia e incentivada nos periódicos, distinguindo a ciência em hábito da ciência em ato. Guerreiro Ramos cita alguns nomes, o que sempre causa polêmica, mas é importante prestar mais atenção nas práticas por ele criticadas. Nas suas palavras:

A ciência em ato, a ciência em hábito. Aí volto àquela coisa: por que é eu que considero Gilberto Freyre... Ele tem a ciência em hábito. Quer dizer, aprendeu a receita de Franz Boas, que diz aquele negócio: um, dois, três, quando você faz a pesquisa. O nome de Gilberto Freyre foi feito porque ele aplicou Franz Boas e não sei o quê. Quando o sujeito vai fazer uma pesquisa, tem que fazer A, B, C, D. Então eles aprenderam. [...] Ele aplicou o negócio. Você aprende, você é formado. Isso é a sociologia em hábito. Você tem os hábitos, as atitudes formadas. Todos eles são assim. O outro é marxista, o Fernando Henrique Cardoso. O que ele escreve é Marx, rodapés, Marx não sei o quê, essas coisas todas, o negócio dele está cheio de Marx. A sociologia em ato é um estado de espírito. Você é sensibilizado para o problema e reage. Esse negócio de Max Weber, de Marx, de tudo isso, se você não passou por

Guerreiro Ramos: por bem mais que 200 anos...

isso não sabe nada. Quem não passou por Marx não sabe nada, quem não passou por Max Weber não sabe nada. Você tem que saber esse negócio todo. Mas isso está no inconsciente, são pontas de lápis. Quando você escreve, você é Alberto Guerreiro Ramos! Você pode citar sujeitos, mas reage aos problemas. [...] O sujeito diz: "Para Max Weber isso é assim; para fulano de tal...". Você nunca me viu fazendo isso. Eu sou eu. O sujeito está lá, mas isso é outra coisa. Eu tenho uma obsessão: o que é meu. Não tem nada a ver com Marx. Essa marcação que eu tenho com o marxismo, no fundo é uma preocupação cretina com o Brasil, pois acho que o marxismo é a maior desgraça na história do pensamento brasileiro. [...] Os caras vão fazer PhD na América e entram na Internacional americana ou na Internacional soviética, ou chinesa, marxismo não sei o quê. As pessoas ficam aprisionadas. Daí a minha irritação com esse negócio do marxismo. [Oliveira, 1995:167-168]

Apesar da contundência, considerando a entrevista como um todo, me parece que o problema de Guerreiro não era com Marx, mas com os marxistas e com a sua tendência à ortodoxia e ao modismo intelectual. Além disso, Guerreiro não se conformava com a obrigação de pagar tributo incessante aos grandes autores, abrindo mão da originalidade de pensamento. É interessante pontuar que os pareceristas de artigos atualmente estão indo exatamente na direção oposta apregoada por Guerreiro, pois exigem citação de fontes, mesmo quando as ideias são do autor do artigo, colocando em dúvida a capacidade deles de sustentarem posições e argumentos originais. Guerreiro também tinha consciência de que ser PhD não é o mesmo que ser um intelectual e que a massificação do ensino de pós-graduação reforçaria a reprodução ao invés da produção de novos conhecimentos:

A maior desgraça que houve foi este negócio de PhD. Preparar cientistas sociais e filósofos em massa... Não se faz isso, é chantagem. E eu vivo nessa chantagem também, porque não sou a palmatória do mundo. PhD em massa, o sujeito aprender a ser cientista social, isso é uma cretinice. A maioria deles é burra. Se você admite que vai aprender com o PhD você é burro. Não é assim; isso tudo é chantagem. [Oliveira, 1995:170]

Apesar da sua vaidade, quando afirma nesta mesma entrevista ser o "maior sociólogo brasileiro", Guerreiro reconhecia as limitações do seu trabalho. E sabia que mesmo sua lucidez estava para além do seu próprio entendimento, pois havia "forças maiores" guiando seu pensamento:

> As coisas que escrevi não dão, acuradamente, uma percepção do que eu sou; eu estou muito além disso. Não gosto de nada que publiquei, mas foram todos trabalhos lúcidos. [Oliveira, 1995:173]
>
> As pessoas têm lucidez, mas elas não podem ser completamente conscientes da lucidez, porque isto está além das pessoas. Você é visitado, é possuído. Eu sou um sujeito que está sendo visitado por forças... Eu faço coisas de que me admiro. É uma possessão que se apodera de mim. Então, eu começo a falar e a fazer. E como é que fiz aquilo? Depois eu fico apavorado com as coisas que fiz. As pessoas são possuídas, é um negócio que eu não entendo. A vida intelectual é uma possessão. Há um momento em que você não é mais dono, você começa a falar, e são línguas que estão dentro de você. E você: "Que diabo é isso? Estão falando e me usando como aparelho?". Você não pode ter consciência total. Então, quando as ideias tentam se materializar, elas se pervertem. Quando se tenta materializar uma ideia, a perversão imediatamente acontece. Por isso é que eu tenho horror a escolas. Por isso é que para me conhecer você precisa gostar de mim, conversar comigo, mas conhecer mesmo. Você vê que o livro é uma porcaria. Eu sou bom de *tête-à-tête*. [Oliveira, 1995:183]

Sim, Guerreiro, eu sei disso tudo profundamente, pois às vezes também sofro desta inconsciência quando falo e escrevo. E do mesmo modo estava convicta de que, para trazer aqui hoje o melhor de você, era preciso que fosse quase *tête-à-tête*, motivo pelo qual abusei de suas próprias palavras. E, reconhecendo esta desconcertante possibilidade da possessão, no seu centenário de nascimento não poderíamos ter a pretensão de considerar realizado o seu mais ardente desejo? Guerreiro, você está mesmo apenas começando, pois, em mim e em muitos de nós, viverá por bem mais de 200 anos...

REFERÊNCIAS

OLIVEIRA, L. L. de. *A sociologia do Guerreiro*. Rio de Janeiro: UFRJ, 1995.

PARTE IV

Administração como profissão de fé e saber de salvação nacional

Entrevista com Adílson de Almeida*

Adm. Adílson, conte-nos um pouco da sua história. Formação acadêmica, experiências profissionais...

Estudei no Colégio Souza Aguiar, onde posso dizer que tive uma formação escolar irrepreensível. O colégio era de tempo integral e exclusivamente masculino. E era uma turma eclética. Por sinal, foi lá onde conheci o Wilson Pizza Jr., que viria a ser um amigo por toda a vida.

Posteriormente, nós, eu e Wilson, fizemos os exames de acesso da Fundação Getulio Vargas, para estudar Administração. A Escola Brasileira de Administração Pública (Ebap) foi importantíssima para a minha formação. Na minha turma, eu era o mais velho. Tinha o apelido de "Velho Zuza", um personagem do Chico Anísio. Era um "preto velho", cuja característica marcante era a experiência.

O Instituto Brasileiro de Administração Municipal (Ibam) também teve importância capital no meu desenvolvimento técnico e docente. Tive também uma experiência excelente no já extinto Serviço Federal de Habitação e Urbanismo (Sefhau), irmão gêmeo do Banco Nacional de Habitação. Foi lá que obtive uma visão geral da causa municipal. Tudo isso entre 1970 e 1976.

E, por fim, fiz meu mestrado na Coppe/UFRJ.

O senhor sempre falou com muito carinho da sua vivência na Fundação Getulio Vargas. Como era estudar na FGV?

Tinha que estudar bastante. Uma nota 6 era considerada uma nota baixa. E tinha que ter uma cabeça pensante. Eu estudava bastante, queria ser um bom profissional.

---

* Administrador, professor, ex-presidente do Conselho Regional de Administração do Rio de Janeiro (CRA-RJ) e ex-aluno de Alberto Guerreiro Ramos.

Na Fundação Getulio Vargas, o senhor teve contato direto com Guerreiro Ramos. Qual imagem o senhor tem dele, como pessoa, professor e político?

Era uma pessoa boa, afável, educado e, acima de tudo, erudito. Uma verdadeira enciclopédia. Um leitor inveterado. E tinha paciência quando verificava que havia ficado sem a compreensão do aluno. Não era professor para aluno de graduação iniciante, não. Estava muito acima disso. Convivi com ele por dois semestres, e depois ele foi embora para os Estados Unidos. Foi um aprendizado fora do comum.

Como mestre, dava as aulas normais. E no jardim do antigo prédio da FGV, onde estacionava o seu fusca, ficava rodeado de alunos, com o seu charuto, tomando café, conversando e dando continuidade às aulas e dúvidas que por acaso ficassem. Até mesmo nos corredores fazia isso. E muitos alunos ficavam escutando ele. Tinham os chamados "Guerreiro Boys", que trabalhavam direto com ele, o que não era o meu caso. Mas ele gostava de mim. Certa vez chegou para mim e disse: "Trate de estudar. Só os melhores vão para a frente".

E a mesma coisa ele fazia lá nos Estados Unidos, dizem. Batia a campainha e, ao invés de todo mundo ir embora, ele ficava lá sentado, em algum pátio, dando aula. Era um comportamento até normal no Brasil, mas nos Estados Unidos um professor sentar com os alunos no pátio, comendo no mesmo restaurante, era inconcebível.

Há também várias histórias de solidariedade com os futuros mestres e doutores, *vide* algumas já relatadas no livro *Guerreiro Ramos: coletânea de depoimentos.*

Agora, ele também sabia ser muito duro. Se alguém o peitasse e ele percebesse que a pessoa tinha nível, ele entrava no debate. É o caso dos sérios embates que teve com Florestan Fernandes e a turma de São Paulo, assim como alguns integrantes do Instituto Superior de Estudos Brasileiros (Iseb). Mas se percebesse que a pessoa estava peitando por peitar, sem base, ele logo chamava de analfabeto, na cara mesmo [risos]. Nesse ponto, ele era implacável e ácido nas suas contendas com os adversários. Não poupava insultos e reduzia os adversários a zero, sempre com provas acadêmicas. *Vide* os revides ao professor

Costa Pinto, visível e comprovável em seu livro *Mito e verdade da revolução brasileira*, publicado em 1963.

Já como político, era um crítico contumaz dos marxistas, dos pelegos trabalhistas e da direita pró-americana. *Vide* Carlos Lacerda, acidamente contestado na Câmara Federal. Os discursos atestam o que afirmo: não poupava os americanos. Sua ida para os Estados Unidos, por sinal, foi bem difícil. Nisso, contou com o apoio irrestrito de Diogo Lordello de Mello, presidente do Ibam e professor de administração municipal da Fundação Getulio Vargas.

Vale lembrar também da atuação de Guerreiro como delegado do Brasil na XVI Assembleia Geral da ONU. Na ocasião, apresentou o projeto intitulado "O papel das patentes na transferência da tecnologia para países subdesenvolvidos", aprovado na Resolução nº 1.713/XVI da ONU. O atual senador José Serra, quando ministro da Saúde, se valeu dessa resolução para propor a quebra de patentes para remédios e vacinas para países de terceiro mundo.

Guerreiro Ramos dedicou-se, com especial afinco, à questão racial, tendo vasta produção intelectual sobre a temática. Ele mesmo teria dito que o Brasil é o país mais racista do mundo. O senhor, tal como ele, é negro. Que desafios e preconceitos o senhor encarou e como lidou com eles?

Sofri desafios grandes. Um episódio em especial me marcou: eu fui professor do Colégio Metodista Bennett na década de 1970. Fui dar aula para classes do segundo grau, classes formadas basicamente por alunos de classe média. Fui professor de organização e normas [risos]. Fui de terno e gravata. Quando entrei na sala, uma das meninas apontou e falou, meio contrariada, com um dos colegas: "um negro!". Eu ouvi o outro falar: "Menos! Menos preconceito! O que é isso?! Que história é essa?!". Ele bateu de frente.

Bom, comecei a dar minha aula, mas via que ela questionava o fato de eu ser negro e tal. E teve uma coisa que eu aprendi com o Guerreiro: eu tomava café e ficava ali no meio dos alunos. E eu sentia que essa aluna era uma pessoa muito revoltada. Mas fui me aproximando, tentando entender as raízes daquela revolta. Resultado: acabei sendo padrinho de casamento dela [risos].

Mas veja, se eu fosse tentar resolver essa questão do preconceito dando porrada, não ia dar. Todo dia tem. Em determinadas questões, você tem que saber administrar, ajudar a tirar o preconceito das pessoas, principalmente dos jovens e menos instruídos. Não adianta ficar brigando. Esse tipo de coisa aprendi com meu pai, por sinal. "Quem tem razão não grita, convence!".

Agora, não vou mentir, sou um cara chato de cobrar determinado padrão de comportamento "para cima". Em "cima" eu cobro. Até porque, se todo mundo começar a aceitar, aí mesmo é que vão fazer.

Que papel Guerreiro Ramos teve nas discussões em torno do reconhecimento da profissão de administrador?

A Lei nº 4.769, de reconhecimento da profissão de técnico de administração, teve sua origem em um anteprojeto de lei submetida e aprovada à Câmara Federal por Guerreiro Ramos, deputado federal pelo Partido Trabalhista Brasileiro (PTB), suplente do Leonel Brizola. Ele apresentou esse anteprojeto em 11 de agosto de 1963. Não era dele exatamente. Foram vários bacharéis em administração que o fizeram, liderados por Wanderley Theodorico Vianna.

Quando pôs as mãos no anteprojeto, Guerreiro disse: "desse jeito que vocês estão colocando, não vai passar". O anteprojeto original, por sinal, está no Conselho Federal de Administração, e contém as modificações propostas por Guerreiro, por ele manuscritas.

O Guerreiro acabou cassado em abril de 1964, mas já tinha aprovado o anteprojeto na Câmara, em agosto de 1963. Até que um senador da Paraíba, Wilson Gonçalves, colocou um novo projeto de reconhecimento da profissão de técnico de administração, não levando em consideração o projeto submetido anteriormente pelo Guerreiro. Esse novo projeto tornou-se a Lei nº 4.769, de 9 de setembro de 1965.

Guerreiro acabou passado para trás. É importante que se resgate essa lacuna e se esclareça o esquecimento proposital do projeto de lei aprovado na Câmara Federal por Guerreiro Ramos. Uma cassação

Entrevista com Adílson de Almeida

de mandato interrompeu um ato que já existia. Mas Guerreiro, como ícone das ciências sociais no país, deixou-nos muitas contribuições. Convém lembrar que ele sempre falava "administrador" ao invés de "técnico de administração". Os bacharéis na área tentaram em vão modificar a expressão na lei aprovada, porém não conseguiram. Em todo modo, na turma formada em dezembro de 1967, na Fundação Getulio Vargas, turma essa da qual eu mesmo sou egresso, ao se referir aos alunos, Guerreiro Ramos tratou-nos como administradores.

Quais os problemas que podem ser apontados pela Lei 4.769?

Veja, a Lei 4.769 é de 1965. Então ela é antiga. Há desafios que deverão ser enfrentados, atendendo os novos tipos e relações de trabalho. Ela fala em mercadologia, em relações industriais. O que é "relações industriais"? É o chão de fábrica! Que chão de fábrica vamos ter no futuro? Muita robótica, automação, e mais algumas pessoas. A Lei fala de "administração do material". Hoje a gente fala um conceito mais amplo de "logística". É como a questão da legislação trabalhista, criada no governo Vargas. Apesar dos avanços proporcionados, muita coisa mudou desde então. Na época o Brasil era um país agrário. Nas relações de trabalho precisamos reconhecer coisas hoje que não eram reconhecidas no passado.

E como o senhor vê as universidades hoje, em seu papel de ensino, sobretudo em relação ao ensino de administração?

Acho que temos um problema muito sério: o de conscientizar. As universidades têm uma preocupação muito grande com a quantidade, mas não com a qualidade. Guerreiro falava – ele passou isso para o Paulo Freire, inclusive – que se você não conscientizar o estudante, desde o começo... Veja, o Brasil só melhora se as próximas gerações forem cada vez melhores. E tem a questão ética, que é fundamental: a ética das pessoas se refletirá na ética das empresas.

Passar o conhecimento adiante é fundamental. Manter os jovens perto de cabeças boas, como era no caso dos "Guerreiro Boys", por exemplo! Muitos lugares perderam isso. É uma grande lacuna da formação de hoje.

A gente precisa criar a cultura do melhor. Ser o melhor que puder ser, como pessoas e profissionais. Bons profissionais são sempre indicados.

Que outras importantes contribuições Guerreiro Ramos legou à profissão?

Sua vasta publicação acadêmica, sem dúvidas. O primeiro livro de introdução à administração, nascido de sua monografia *Uma introdução ao histórico da organização racional do trabalho*, de 1945, submetida ao Dasp para ingresso no serviço público federal, como técnico de administração. O livro *Administração e estratégia para o desenvolvimento*, com foco em administração pública, livro que lhe deu o passaporte para ir aos Estados Unidos como professor visitante, e que mais tarde permitiu-lhe escrever, dentre outras contribuições, *A nova ciência das organizações*. Podemos citar também o livro *A teoria de delimitação dos sistemas sociais*, com modelos de convivência que vêm sendo estudados no Brasil e no mundo. Por fim, sua preocupação em relação ao mercado, o papel da regulamentação e os focos em temas como ecologia e desenvolvimento sustentável.

Que papel o administrador pode desempenhar no debate público?

Os administradores têm tudo para serem um dos protagonistas do destino do nosso país. Já foi no passado, embora tenham perdido sua hegemonia para advogados e economistas. Mas poderão voltar a ter influência no futuro, com a abertura de novos parceiros profissionais. De nada adianta ser o curso com o maior número de formados e não influenciar em nada nas propostas políticas, econômicas e administrativas que o país tanto necessita.

Nas políticas públicas, por sinal, quem sempre tem opinado são os economistas. Sistematicamente. Com grave erro, dito já pelos sociólogos do passado: economia não é uma ciência exata, mas sim uma ciência social. O estabelecimento de parâmetros precisa levar em consideração uma série de outros fatores. Os administradores têm uma formação muito abrangente, principalmente os administradores públicos.

Eu acho que agora é a hora do administrador. Veja as questões em pauta: terceirização, legislação trabalhista, previdência, falhas de planejamento e controle na gestão pública. Há solução? Há! Formando bons administradores e distribuindo conhecimento. Trazendo bons quadros técnicos. Controle com transparência e avaliação constante. Investindo em conhecimento e pesquisa. Por que temos iniciativas de êxito como a Empresa Brasileira de Pesquisa Agropecuária (Embrapa) e a Fundação Oswaldo Cruz? Isso é resultado de investimento inteligente.

Veja a Coreia do Sul há 30, 40 anos. Estava atrás da gente. Veja hoje. E outra, temos que ter em mente aquilo que o Deng Xiaoping falou: "Não importa se o gato é preto ou branco. O que importa é que ele seja bom em caçar ratos".

Para ganhar influência, precisamos de lideranças pensantes participando ativamente, opinando na administração pública com qualidade, em todas as esferas. Creio que essa era a visão de engajamento do conhecimento de Guerreiro Ramos para administradores e estudiosos da administração.

Esta obra foi produzida nas
oficinas da Imos Gráfica e Editora na
cidade do Rio de Janeiro